프로크루스테스의 맞춤형 척도

침대에 맞추는 공공정책

황진수 지음

세상은 공정하지도 않고 정의롭지도 않지만 인간은 부조리한 사회를 건뎌내기 위해
'과정을 통해 행복해지는 뇌'를 발명했다. 성취와 결과가 주는 행복감에는 이내 적응되지만
과정이 주는 행복감과 만족감은 길고 무덤덤하다
행복은 인생의 목표가 아닌 힘든 삶을 이겨내는 동력에 가깝다
행복의 발견과 발명을 통해 우울을 극복해야 한다. 행복은 우울의 반대말이 아니다

- 행복을 향한 여정
- 흥망성쇠의 역사에서 무엇을 배울 것인가
- 장수는 축복인가 저주인가

한누리미디어

● 서문

징검다리 건너온 꿈같은 인생

징검다리 인생

시골마을에 개천이 있었다. 개천은 다리가 없고 큰 돌멩이를 놓아서 냇물을 건너는 구조였다. 징검다리를 건널 때는 조심해야 한다. 발을 헛디디거나, 잘못 조준하면 물에 빠지는 낭패를 당한다.

나는 이 징검다리를 건너다니면서 미끄러져 물에 빠져 옷이 젖는 어려움을 겪기도 했다. 이 어렸을 때의 기억이 내 인생의 이정표를 만들었다. 학교에 진학하고, 직장을 잡고, 결혼을 하고, 자녀 교육을 시키는 과정마다 선택을 해야만 했다. 어쩌면 이것이 징검다리를 건너는 모습과 비슷했다. 말하기 좋아하는 사람들은 '한 번 실수는 병가(兵家)의 상사(常事)'라고들 하지만 어떤 때는 한 번의 선택, 실수가 평생을 두고 후회하게 한다.

나는 다행스럽게도 이 징검다리를 건너는 선택과 모험 과정에서 큰물에 빠지는 일이 매우 적게 살아왔다. 평생 파출소 한 번 안 가보고, 못된 상사나 지도자를 만나지 않았다. 큰 행운이었다. 그러나 내 성격이 대범하고 용맹스러운 성격이 아니어서 작은 문제로 밤샘 고민하고, 며칠씩 마음에 두는 현상은 비일비재했다. 인생 큰 그림은 80 평생을 살면서 흐르면 흐르는 대로, 고이면 고이는 대로 물길 따라 살았다.

서자여사

 공자가 냇가에 서서 '가는 것들이 모두 이와 같구나, 밤낮을 쉬지 않고 흘러가는구나' 라고 한 말이 『논어』 자한 편에 나온다. 서자여사(逝子如斯)―이렇게 흘러가는 것. 그것이 인생이다. 물은 흘러가고 가는 것만큼 연달아 뒤따라온다. 또 흘러간 물은 돌아오지 않는다. 영영 이별이다.
 프랑스의 시인 아폴리네르의 시「미라보 다리」가 있다. "미라보 다리 밑으로 강물은 흘러가고, 강물 따라 우리들의 사랑도 흘러간다"고 했다.
 그렇다. 시간도 흘러가고, 강물도 흘러가고, 구름 속에 달도 흘러가고, 마음도 흘러간다. 사랑도 미움도 세월 따라 소리 없이 흘러간다.
 가수 혜은이의「제3한강교」에서 "강물은 흘러갑니다. 제3한강교 밑을 … 아아, 당신과 나의 꿈을 싣고서 흘러만 갑니다"에서도 같은 여운을 준다. 가는 것이 모두 이와 같으니(逝子如斯)….

꿈같은 생애

 장주(張周)라는 인물이 있었다. 세상일에 초탈하고 자유로운 영혼을 노래하며 심오한 통찰력을 가진 장주는 말을 멋들어지게 했다. 후세 사람들이 장주의 사유를 조금씩 덧붙여『장자(莊子)』라는 책을 만들었다.
 장자의 '나비꿈' 이야기가 있다. 장주가 꿈을 꾸었는데 훨훨 날아다니는 나비가 되었다. 스스로 즐겁게 날아다니다가 자신이 장주라는 사실을 잊어버렸다. 장주가 갑자기 깨어서 생각에 빠졌다.
 '꿈에 나비가 된 것인가, 나비가 꿈에 장주가 된 것인가. 나는 과연 누구인가.'
 『침중기(枕中記)』에 '일침황량(一枕黃粱)' 이란 얘기가 나온다. 이는 '한 개의 베개와 누런 기장쌀' 이라는 뜻이다.

당나라 때 노생(盧生)이라는 젊고 가난한 서생이 있었는데 어느 객전에 머물게 되었다. 그 자리에서 여옹(呂翁)이라는 노인을 만나 대화를 하는 도중 노생이 신세 한탄을 했다. 이때 여옹이 베개를 내주면서 이 베개를 베고 자면 소원이 이루어진다고 했다. 이때 객전 주방에서는 노란 기장밥을 짓고 있었는데 젊은 노생은 그 베개를 베고 잠이 들었다.

노생은 순식간에 별천지 세상에 들어갔다. 그곳에서 최씨 집안의 아름다운 여인을 만나 결혼하고 과거에 급제해 벼슬길에 들어갔다. 그 후 노생은 승승장구하며 재상까지 올랐다가 역적으로 몰렸다. 노생은 억울하여 스스로 자살을 시도했으나 아내와 자식의 만류로 그만두었다. 몇 년이 지난 후 모함이 밝혀져 사면 복권되었고, 그 후로 지위가 더 높아졌다. 노생은 그렇게 부귀영화를 누리다가 80여 세에 세상을 하직했다.

객전에 노생이 하품을 하며 잠에서 깨어난 순간 어안이 벙벙했다. 주위를 보니 여옹은 그대로 앉아 있었고, 노란 기장밥은 아직도 익지 않은 상태였다. 짧은 낮잠을 잔 후 모든 것이 그대로였다.

노생은 소리 질렀다.

"모든 것이 꿈이었구나!"

나는 세상의 흐름 속에서 징검다리를 무난하게 건넜고 흘러가는 강물처럼, 꿈처럼 이렇게 살아왔다.

하버드대 대학생에게 가장 큰 소원이 뭐냐고 질문하였더니 '좋은 글을 썼으면 좋겠다'라고 했다는데 좋은 글이든, 평범한 글이든 글자 한 자 한 자 쓴다는 것은 하늘로부터 받는 형벌 즉 천형(天刑)에 해당한다.

이번에 출간하는 저서 제목을 『침대에 맞추는 공공정책(부제; 프로크루스테스의 맞춤형 침대)』으로 정했다. 지도자라는 사람들, 또 권력자들이 합리적, 과학적, 도덕적 기준이 아니라 자기 마음대로 척도를 정하고 국가, 지방정책을 휘두른다.

인간의 행복이야 주관적이긴 하지만 행복의 토양은 지도자들이 만들어 줘야 한다. 국가정책의 현상과 개선 방향, 기후변화를 둘러싼 문제, 그리고 노인과 저출산, 나아가 죽음, 장수의 문제 등을 다루면서 많은 고뇌를 했다.

끝으로 나이 80이 되었는데 아직 건강하고 역동적으로 활동하는 나 자신이 고맙고, 나를 낳고 길러주신 부모님이 고맙고, 또 사랑하는 가족(아내 동시영 시인, 아들 미국 변호사 황주원, 며느리 이지은, 손자 황준희)이 있어 뒷바라지를 해 준 것이 고맙고, 더 고마운 것은 모든 것이 나 혼자 잘 살아온 것이 아니고 나를 도와주고 채찍질해 준 은사, 친지, 관계자분들이 있어 고맙고, 또 대한민국이라는 큰 바탕 위에서 사회생활을 할 수 있게 해 주고 기회를 준 것 또한 고마울 뿐이다.

지금 이 시간에도 서자여사(逝子如斯)처럼 강물은 흘러가고 있다. 언제까지 내가 이 땅을 딛고 다닐지는 모른다. 태어나서 현재까지 각종 인연을 맺은 많은 분들에게 감사드린다. 한 가지 꿈이 있다면 우리 대한민국의 미래가 모든 국민이 더 잘 살고 훌륭한 복지국가가 되어 행복해졌으면 하는 바람이다.

그리고 또 발간에 힘써주신 한누리미디어 김재엽 대표, 편집 디자인 등을 해준 김영란 편집자와 초기에 워딩 작업을 해준 송채윤 학생에게도 감사하다는 정중한 인사를 드린다.

2025. 9. 23.

저자 황진수

차례

서문 · 6

1부 행복을 향한 여정

행복을 위한 길잡이가 필요하다	16
한국인이 느끼는 행복의 조건	19
행복 후진국	22
괴로움의 심리학	24
탈무드가 전하는 지혜	26
관조와 성찰의 힘	29
스트레스는 덜고 행복은 더하고	31
복지사회가 이어지는 길	33
천국은 정말 존재할까	36
큐피드 화살에는 죽음도 있다	40
행복은 우울의 반대말이 아니다	44
천국은 과연 있는가	47
사람의 선악은 인성보다 상황에서 온다	49
도덕적 판단은 상대적이다	52
욕망과 이익을 좇는 인간	54
공정으로 가는 여행	56
자신을 아는 지혜	58
중도정치가 되어야 한다	61
종교의 미래	64
기도, 과학에 닿다	69
좋은 사람, 나쁜 사람, 결국 이긴 자일 뿐	72

'잘 사는 삶'과 '잘 죽는 죽음'은 같다 ·············· 74
여행과 작곡가 ·· 77

2부 흥망성쇠의 역사에서 무엇을 배울 것인가

프로크루스테스의 침대 ··································· 80
흥망성쇠의 역사에서 무엇을 배울 것인가 ············ 82
인류의 흥망성쇠는 기후가 결정한다 ··············· 84
몰락의 정치 ·· 87
복지 포퓰리즘 경쟁과 몰락(그리스) ················ 89
일과 가정의 양립에 확신 들 때 아이 낳는다 ········ 91
기술은 인간을 이롭게 하는 도구일 뿐 ············ 94
한국사회 개혁을 위한 새로운 서사 ··············· 96
시대정신을 정립해야 한다 ······························· 99
이제 더 높은 곳에서 관조해야 한다 ··············· 102
공직자의 기본자질 – 도덕성과 5적 ··············· 104
리더십 사례 ·· 106
인사가 가른 항우와 유방의 성패 ··················· 110
리더십의 위기 ·· 112
리더십의 과제와 사례 ······································ 114
국가 차원의 비전과 철학은 통섭 ··················· 116

차례

성숙한 사회의 가치 탐구 ················ 118
죽음을 넘어선 정신의 승리 ············· 121
나비효과를 생각한다 ····················· 124
수신제가치국평천하의 의미 ············ 128
한국의 갈등구조 ··························· 130
정서적 몰입이 승자의 비결 ············· 132
MZ세대를 읽어라 ·························· 134
은둔형 외톨이 ······························ 136
공공갈등 해소방안 ························ 138
빼기의 철학가 소크라테스 ·············· 142
장 자크 루소 이야기 ······················ 145
그리스와 근대 사이 지성사 1000년 — 아랍이 있었다 147
서울은 위대한 도시이다 ·················· 150
사회주의 실험이 가져온 결과 ··········· 152
1020의 보수화 — 20년 지속되다 ········ 152

3부 장수는 축복인가 저주인가

백세시대 ···································· 158
초고령사회 대응전략 ····················· 159
사회복지정책의 성격에 대하여 ········· 162

침대에 맞추는 공공정책 – 프로크루스테스의 맞춤형 척도

공공성과 복지 · 164
품격 있는 사회 · 166
베푸는 사회 · 168
노년층의 사회자본 · 170
노인 평생교육 · 172
초고령사회 – 소득, 주거, 건강, 문화가 필수다 · · · · · · · · 175
기초, 퇴직, 직역연금 대개혁해야 한다 · · · · · · · · 179
노인연령 기준 상향 한계 · · · · · · · · · · · · · · · · · · · 181
노인연령 70세로 상향하면 · · · · · · · · · · · · · · · · · 184
초고령사회 준비를 위하여 · · · · · · · · · · · · · · · · · 185
노인연령 상향조정 이유 · · · · · · · · · · · · · · · · · · · 189
스마트폰이 뇌노화 가속화한다 · · · · · · · · · · · · · 195
노년을 어떻게 소비할 것인가 · · · · · · · · · · · · · · 197
2050년 생산가능인구(15~64세) 1/3이 사라진다 201
출산율 – 가족복지가 우선이다 · · · · · · · · · · · · · · 204
비혼, 저출산의 이유와 가족복지 · · · · · · · · · · · · 207
저출산에 대한 또 다른 관점 · · · · · · · · · · · · · · · 211
中부담, 中복지로 가야 한다 · · · · · · · · · · · · · · · · 213
장수의 비결 · 215
세계의 장수인들이 전해 주는 다섯 가지 장수비결 217
장수의 비밀, 성실성이라는 평범한 덕목 · · · · · · · 220
죽음에 대한 통찰 · 223
노인 돌봄 – 사회가 나서야 · · · · · · · · · · · · · · · · · 225
은퇴 개념을 없애 버려라 · · · · · · · · · · · · · · · · · · 227

차례

70세 인턴 노인 ················· 230
인간수명 150세-그건 불가능하다 ················· 232
노인 삶의 질 과제 ················· 235
우울한 노년을 없애라 ················· 237
베버리지 보고서의 의미 ················· 239
국가가 편안한 여생 보장 ················· 241
죽음에 대한 공포 ················· 242
일률적 정년연장은 고용절벽 부른다 ················· 247
건강한 워라벨 ················· 249
고령자 복지제도와 정책 ················· 252
자산을 가진 실버층 ················· 256
탈가치 시대에 삶의 의미 ················· 258
행복의 정체 ················· 260
장수사회를 위하여 ················· 262
노노케어가 답이다 ················· 263
자원봉사의 관점 ················· 265
갈등 조절 ················· 267
리바이어던을 어떻게 개선할 것인가 ················· 269
한국 정치 갈등구조의 문제점과 대응 ················· 271

1부

행복을 향한 여정

행복을 위한 길잡이가 필요하다

우리나라는 과거 해외에서 원조를 받던 나라에서 매년 31억 달러가량을 원조해 주는 나라로 세계 경제규모 10위권 국가로 극적인 경제 성장을 이룬 나라다. 그럼에도 불구하고 객관적인 삶의 질에 비해 행복지수 수준이 낮은 대표적인 국가이다. 전반적인 행복 수준도 낮지만 행복의 편차도 큰 나라이다.

한국은 세계적으로 높은 경제 수준을 자랑함에도 불구하고 국민들이 체감하는 행복지수는 상대적으로 낮다는 평가를 받곤 한다. 이러한 현상은 단순히 소득 규모나 경제 성장만으로는 설명이 되지 않으며, 행복에 대한 깊이 있는 이해가 필요하다.

심리학자이자 미국의 교수인 에드 디너(Ed Diener)는 행복을 '주관적 안녕감(Subjective Well-being)'으로 정의했다.

주관적 안녕감이란 한 개인이 자신의 삶을 어떻게 평가하고 느끼는가에 관한 심리적 상태로 크게 두 가지 요소를 포함한다.

첫째, 삶에 대한 전반적인 만족감이며, 둘째, 긍정적 정서의 빈도는 높고 부정적 정서는 낮은 상태를 의미한다. 즉 자주 기쁘고 감사하며 평온한 감정을 경험하고, 분노나 슬픔, 불안 같은 부정적인 감정을 덜 경험할수록 행복하다고 볼 수 있다는 것이다.

디너는 여기에 더해 행복은 단순한 감정적 즐거움이나 만족감으로만 한정해서는 부족하다고 보았다. 그래서 그는 '유데모니아적 안녕감(eudaimonic well-being)' 이라는 개념을 제시했다. 이는 삶의 의미나 목표, 가치 실현과 같은 더 깊은 차원의 요소를 포함한다. 예를 들어 내가 살아가는 이유를 느끼거나 어떤 일에 헌신하며 성취를 경험하고 스스로의 존재가치와 연결될 때 우리는 더 큰 행복을 느낀다는 것이다.

이러한 관점에서 본다면, 한국 사회의 행복지수가 낮은 이유는 단순히 물질적 조건이나 생활 수준 때문이 아니라, 삶의 의미와 목표, 인간관계의 질, 사회적 신뢰와 같은 요소들이 충분히 충족되지 못하기 때문이라고 볼 수 있다.

그러면 행복을 결정하는 보편적인 요인은 무엇일까? 세계행복보고서는 여섯 가지의 행복 결정요인으로 설명하고 있다. ① 1인당 GDP, ② 사회적 지지, ③ 기대 건강수명, ④ 삶에서 선택의 자유, ⑤ 관용, ⑥ 부패의식 정도다.

2023년 세계행복보고서에서의 결론은 다음과 같다.

국민들이 상호 신뢰할 수 있고, 관대하며, 서로 돕고 사는가? 국민들은 삶의 중요한 결정을 내리는 데 있어서 자유로운가? 국민들의 소득과 건강은 좋은 상태인가?

이런 질문에 긍정적인 국민이 행복한 것이다.

아리스토텔레스는 내적 미덕과 외적인 조건을 가진 사람들을 '유데모니아(eudaimonia)' 라고 명명한 '선한 영혼의 상태가 행복에 다다르는 것'이라는 것과 일맥상통한다.

　그렇다면 국가는 어떻게 행복한 나라를 만들어야 하는가. 결론적으로 높은 수준의 유데모니아 특성을 갖춘 사회, 즉 국민이 그러한 삶을 추구할 수 있도록 제도나 조건을 마련해야 한다는 것이다. 말하자면 국민이 공동체 의식을 가지고 사회의 한 구성원으로서 서로 존중하고 신뢰하며, 관대하게 서로를 용납할 수 있고, 인권, 평등과 정의 독립성을 존중하면서 국민의 경제적 안정과 높은 건강 수준을 누리는 것이 행복한 국가이다. 그러나 이러한 시도는 국가정책 수행과정에서 행복을 구체화하지 못한 채 추상적인 수사나 목표 정립 수준에서 멈추고 있다. 행복지표에 대한 구체적인 목표나 모니터링, 평가 등은 찾기가 힘들다.

　선진국들인 이탈리아, 프랑스, 스웨덴 등은 공공정책의 효과를 '웰빙지수'로 평가하고 그 결과를 예산 편성과 설계에 반영한다.

한국인이 느끼는 행복의 조건

　행복의 개념을 생각한다. 심리학자나 철학자들이 생각하는 행복의 개념을 세 가지로 말한다.
　첫째, 즐거움의 행복이다. 즉 행복한 삶은 즐거운 삶이라는 주장이다. 이 즐거움의 중요한 요소는 쾌락이다. 인간이 느끼는 쾌락에는 감각적 쾌락, 정신적 쾌락, 예술적 쾌락도 있고, 영혼과 깨달음의 쾌락도 있다. 이 쾌락은 신경과학적에서 볼 때 대부분 도파민(dopamine)의 활동을 통한 심리적 각성 상태를 통해 나타난다. 도파민은 뇌세포들이 신호를 전달하고 받아들일 때 쏘이는 신경전달물질인데 도파민이 많이 생성되고 세포 주변에서 활발하게 유지하면 쾌감의 강도가 증가한다. 또 세로토닌(serotonin)도 마음의 안정감, 만족감과 관련된 화학물질이다. 도파민과 세로토닌은 두뇌의 활동을 돕는 화학물질로 필요에 따라 생성되고 순환하며 재활용된다. 또 두뇌기관 중에 측좌핵(Nuclear Accumbens)이라는 기관이 있고, 다양한 종류의 쾌감을 일으키는 데 관여한다. 인간의 짜릿한 쾌감은 도파민과 관련된 측좌핵의 활동인 것이다.

둘째, 행복은 마음과 의식의 변화다. 근심 걱정에서 해방되어 안정을 찾는 상태가 행복인 것이다. 뇌파가 강하고 지속적인 감마파(gamma wave)이다. 이는 고도의 의식상태에서 나타나는 뇌파로 깊은 의식의 집중상태에서 나타나는 초월적 각성 상태를 나타내는 것이다. 그리고 불교에서 말하는 적멸(寂滅)이나 적정(寂靜)의 고요하고 깊은 깨달음의 상태이다. 다시 말해 깊은 삼매와 평안의 행복이다.

셋째, 자아실현과 성취의 행복이다. 이는 두뇌의 활동과 깊이 연결되어 있다. 두뇌의 전전두 피질은 논리적 판단, 전략적 계획, 의사결정, 문제해결 등 고도의 역할을 담당하는 기관에서 인간의 계획된 욕구가 해결될 때 우리에게 행복을 제공한다.

넷째, 두뇌에는 행복과 관련해 왼쪽 뇌는 긍정적이며 즐거운 감정과 관련이 있고, 오른쪽 뇌는 부정적이며 고통의 감정과 연결되어 있다. 예를 들어, 강한 감마파를 일으켜 세상에서 가장 행복한 사람이라는 호칭을 받게 된 리카르의 명상은 좌측 전두엽에서 강한 활동이 나타났다. 이러한 관찰에서 명상은 좌측 활성화와 긍정적 정서를 일으키는 해석이 가능하다. 일반적으로 긍정적인 정서와 행복에는 좌측 방향성이 있다는 것이다.

사람들이 느끼는 주관적 감정인 행복의 범주에는 사랑, 일과 승진, 건강, 권력과 명예 등 여러 가지가 있지만 한국인의 1순위의 행복 기준은 좋은 배우자 만나 꾸리는 행복한 가정인 것으로 나타났다.

2020.4.29. 보사연의 '한국인의 행복과 삶의 질에 관한 종합연구' 보고서에 따르면 1순위 행복 기준으로 '좋은 배우자 만나 행복한 가정을 이루는 것'이라고 나타났다. 건강하게 잘 사는 것(26.3%), 소질과 적성에 맞는 일을 하는 것(16.4%), 돈과 명성을 얻는 것(12.7%), 여가 생활을 즐기

는 것(7.6%), 자녀교육을 잘 하는 것(6.5%), 더 많이 배우고 자기 발전을 하는 것(3.7%) 등의 순이었다.

하위 1순위 행복 기준이 '건강하게 사는 것(40.8%)'임에 비해, 상위 1, 2순위는 '좋은 배우자와 행복한 가정을 이루는 것'이라고 대답했다. 전반적으로 이타적인 행위, 즉 사회발전과 사회봉사 등의 응답 비율은 1%에 미치지 못했다. 이는 '행복의 경험이 개인적인 특징에 기인하기 때문으로 보인다'고 분석했다. 행복감은 10점 만점에 7점에 미치지 못했다. 그리고 행복감은 30대에 최고점에 달했다가 연령이 높아질수록 수준이 낮아지는 우하향 양상이었다. 그러나 5년 후의 행복감은 높아질 것으로 기대하고 있었다.

행복 후진국

행복만큼 주관적인 개념도 드물다. '파랑새'의 작가 마테를링크는 '행복은 늘 우리 가까이에 있다'고 말했지만, '행복은 부질없는 소문'이라는 유럽 격언도 있다. '탄생보다 죽음을 축하하라'는 탈무드 교훈은 '강보에 싸인 채 죽는 사람보다 행복한 사람은 없다'는 집시 속담으로 이어진다.

프랑스 철학자 알랭 바디우는 '행복이란 쇼윈도 속의 물건처럼 좋아하는 것을 고르고 값을 치를 수 있는 것이 아니다'고 했지만, 독일 철학자 에리히 프롬은 '현대인의 행복을 쇼윈도를 들여다보는 스릴과 현금이든 할부든 그가 살 수 있는 것은 사는 데 있다'고 반박했다.

동양과 서양은 행복의 인식부터 다르다. 서양의 경우 아리스토텔레스가 '행복은 최고의 선'으로 규정한 이후 행복 추구는 인생의 최고 목적이다. 반면 동양에서는 '불행해지지 않으려는 마음가짐'에 더 관심을 가졌다. 행복과 불행이 번갈아 오고 행복도 시간이 지나면 불행이 되는 만큼 행복만 추구하면 절대 행복해지지 않는다는 것이다.

연구 결과도 다양했다. 행복 연구 권위자 애드 디너에 따르면 돈, 건강, 학력, 지능, 종교 등 환경 변수는 개인 간 행복의 차이를 15%만 설명해 주는 반면, 유전요인이나 성격은 50%를 설명해 준다.

진화심리학은 '이기적 유전자'처럼 행복은 동물의 본질적 욕구인 생존과 번식에 도움이 되는 행동을 할 때 느껴지는 동기부여로 본다.

지난 2023년 2월 26일 공개된 갤럽 월드 폴의 국가별 행복 수준에 따르면, 행복 점수를 0~10점인 사다리로 가정할 때 어느 단계라고 생각하느냐는 질문에 한국은 6.11을 기록했다. 2021년 기준 OECD 회원국 38개국 중 32위다. 한국보다 낮은 나라는 그리스(6.10), 일본(6.09), 튀르키예(4.37) 등이다. 1위 핀란드는 7.79점이었고, 미국은 6.96점, 독일 6.75점, 프랑스는 6.66점이었다. 나름 객관적 기준을 적용한 유엔 산하 '지속발전가능해법네트워크(SDSN)'의 결과도 시원치 않다. 국내총생산, 사회적 지지, 건강, 기대수명, 자유, 관용, 부정부패에 대한 인식 등 6개 항목으로 산출한 2021~2022년 평균 순위를 보면 한국은 146개국 중 59위이다.

행복은 성적순이 아니라지만 세계 10위국을 자임하는 국가의 국민으로서는 씁쓸할 수밖에 없는 결과다.

괴로움의 심리학

우리나라는 유사 이래 최고의 국가 번영을 누리고 있다. 한국 전쟁의 폐허 위에서 경제 발전을 일구어 세계 10위의 경제 대국으로 성장했다. 1인당 국민소득은 3만 달러를 넘어섰고, 국민의 교육 수준은 세계 최고 수준이며, 인터넷 보급률도 높아서 일상생활이 편리해졌다. 우리는 단군 이래 가장 번영한 나라에 살고 있어 가장 행복해야 할 한국인이다.

그런데 한국인은 괴롭고 고달프다. 자살률은 OECD 국가 가운데 1위이고, 전반적인 행복도는 최하위권이며, 특히 청소년의 행복도는 10년간 맨 꼴찌다. 많은 한국인이 상처를 아물기 위해 '힐링'을 원하고 있다.

'나쁜 것은 좋은 것보다 강하다'는 명제다. 인간이 손실을 보았을 때의 괴로움은 동일한 액수의 이득을 보았을 때 경험한 기쁨보다 2배 강하다. 다른 사람으로부터 비판을 받는 아픔은 칭찬을 받았을 때의 기쁨보다 최소한 5배 이상 강한 것으로 알려져 있다.

인간은 타인의 단점을 예리하게 포착한다. 긍정적인 정보보다 부정적 정보에 더 민감하다. 나쁜 것에 더 많은 주위를 가지는 것을 심리학에서는 '부정편향(negativity bias)'이라고 부른다.

긍정심리학자 에드 디너(Ed Diener)는 한국의 경제적 번영에도 불구하고 불행한 이유를 설명했다. 조사대상 5개국(한, 미, 일, 덴마크, 짐바브웨) 중 한국인은 물질적인 부를 가장 중요시한다. 한국인은 재물에 가장 높은 가치를 부여한다. 이것 때문에 행복을 훼손한다.

'당신이 곤경에 처했을 때 도움을 청할 수 있는 사람이 몇 명이나 되는가' 라는 질문에 조사 대상국 중 가장 낮았다. 5명 중 1명은 없다고 했다. 따라서 한국인은 물질적 가치는 가장 중히 여기고 경쟁적인 태도를 지니며 그로 인한 서로 불신 수준이 높고 가족과 친구관계도 허약하다고 진단했다. 인간이 겪는 괴로움은 자기 존재가 실재하고 영원하기를 바라는 근본적인 망념, 권력과 물질적인 가치가 행복을 가져다줄 것이라는 망념, 자신은 완벽해야 하고 타인에게 호의적이어야 하며 세상은 공평해야 한다는 개인적 망념에 빠지고 있다.

인간은 과거를 기억하고 미래를 예상하는 능력으로 인해 만물의 영장이 되었지만 수많은 망념의 그물에 걸려 괴로움의 늪에 빠지고 있다. 이런 점에서 인간으로 태어난 것은 축복이기도 하고 저주이기도 하다.

행복한 사람의 특징 – 피르케이 아보트
① 자기보다 현명한 사람 앞에서는 이야기하지 않는다.
② 동료의 말을 가로막지 않는다.
③ 성급하게 답하지 않는다.
④ 주제에 맞게 질문하고 간결하게 답한다.
⑤ 두서를 가려서 말한다.
⑥ 제대로 듣지 못했을 때 이해하지 못했다고 말한다.
⑦ 진실을 인정한다.

탈무드가 전하는 지혜

탈무드는 "남보다 뛰어난 사람은 두 종류의 교육을 받고 있다. 하나는 스승으로부터 받는 교육이며, 하나는 자기 자신으로부터 깨우치는 교육이다"라고 전한다. 자신이 살아온, 그리고 맺어온 인간관계의 동심원을 그래프로 그려보았다. 그 동심원의 가장 내부에는 가족이 있었고, 가장 외부에는 사회관계를 하며 맺은 사람들이 있다.

유대인 현자 랍비 부다는 "나는 스승으로부터 많은 가르침을 받았다. 친구들에게서 더 많은 것을 배웠다. 하지만 가장 많은 것을 제자들에게서 배웠다"고 했다. 학자라는 말은 히브리어에서 '알고 있는 사람이 아니라 배우는 사람'이란 의미이다. 불치하문(不恥下問, 자신보다 못한 사람에게 묻는 것을 부끄럽게 여기지 않는다)이라는 말이 있다.

탈무드에서는 "다섯 살 난 자식은 당신이 주인이고, 열 살 자식은 노예이며, 열다섯 살이면 동격이 된다. 그 다음부터는 교육하기 나름으로 벗이 될 수도 있고 적이 될 수도 있다"고 가르친다. 배움의 고통을 견디지 못하는 사람은 반드시 무지의 고통을 겪게 될 것이다.

유대인이 역경 속에서도 저항력을 지니는 것을 그들의 역사를 통해서 잘 알 수 있다. 유대민족은 로마에 의해 땅을 빼앗겼으며 그로 인해 이스라엘 사람들은 유럽 각지로 흩어져 방랑하면서 삶을 유지했다. 안정적인 삶을 유지하기 위해서는 땅이 있어야 하는데 유럽 대부분의 나라에서는 유대인이 땅을 소유하는 것을 허락하지 않았다.

유대인의 집은 불태워지고, 또 심한 차별을 받을 때에도 유대교를 포기하면 박해를 받지 않을 수 있었다. 그러나 그들은 유대인임을 포기하지 않았다. 역사적으로 유대인늘 박해 사례를 보면 비참한 이야기가 너무 많다.

탈무드에는 다음과 같은 수수께끼가 있다.

"사람의 눈은 검은 부분과 흰 부분으로 이루어져 있다. 그러나 어째서 하나님은 검은 부분을 통해서만 사물을 보도록 만들었을까. 그 답은 인생은 어두운 곳을 통해서 밝은 곳을 바라보는 것이기 때문이다."

그리스에서 노동은 '사적영역'에 국한된 활동이었다. 그리스의 자유시민은 자신이 해야 할 노동을 노예에게 대신하도록 만들었다. 그리스 시민들은 현실적인 삶을 마련하기 위한 '활동적 삶', 즉 노동에서 벗어날 수 있었다. 대신 그들은 정치적 현안을 논의하는 데 시간을 보냈다. 엄밀히 따지면 노동을 하는 사람들에 대한 관리 방법에 대한 토론이었다.

현대 사회 역시 돈을 벌지 않으면 인간다운 삶을 지속할 수 없다. 아젠트는 오늘날 모든 직업은 생물학적 삶을 유지하기 위해서 노동이 되었다고 말한나.

현대 사회의 문명은 진보하고 삶의 여유와 가치를 알게 되어 풍요롭게 살게 되었다고 생각하지만 실제로는 노동 다음의 두 번째라는 것이다. 심지어 예술가들의 예술 행위, 작가들의 집필행위조차도 먹고 살기 위한 노동이 되었다는 것이다.

대중예술은 비슷한 내용을 반복하고 있고, 이들 복고나 표절로 나타나게 되었다. 아젠트는 자유와 개념이 없는 행위는 활동적인 삶(Vita activa)이라고 말한다. 아젠트는 인간의 조건은 무의미하게 반복되는 삶이 아니라 자발적 삶의 가치를 찾기 위해 노력하는 삶을 살아야 한다고 역설한다.

플라톤은 '시간은 움직이지 않는 영원 속에서 끊임없이 움직이는 이미지'라고 했고, 아리스토텔레스는 '시간은 이전 혹은 이후에 따른 움직임의 횟수와 범위'라고 말했다. 그러므로 'Time is Money'라는 것은 잘못된 표현이며, 'Time is Life'라고 해야 한다.

유대인 어머니는 아이를 목욕시키면서도 기도문을 외운다. 얼굴을 씻어주면서는 "하느님, 아이가 항상 하늘의 소망을 바라보며 성장하도록 하소서", 손을 씻겨주면서 "하느님, 아이의 손은 기도하는 손으로, 그리고 사랑을 베푸는 손이 되게 하소서", 머리를 씻겨주면서 "아이의 머릿속에는 지혜와 지식이 가득하게 하소서", 가슴을 씻겨주면서 "아이의 가슴에 나라와 민족을 생각하는 마음을 주소서"라고 기도한다.

또 탈무드에서는 "자식을 낳는 일은 암탉도 할 수 있는 일이다. 그러나 키우는 것은 아주 전혀 다른 일이다"라고 가르친다.

다음의 8가지는 '지나치면 해롭고 절제하면 이롭다'고 한다. '여행, 성교, 부, 일, 술, 잠, 더운물, 사혈' 등이다.

다른 사람을 자신의 뜻대로 움직이게 하려면 그 사람의 자기애에 호소하는 것이 효과적이다. 상대방을 존중해 주는 것은 상대의 마음을 얻는 가장 편리하고 손쉬운 방법이다.

죽은 사람을 애도하기 위한 추도사는 찬사가 많다. 이는 경쟁상대가 아니기 때문이다. 노인과 어린아이에게는 부드럽게 대한다. 노인은 과거에 속하고, 어린이는 미래에 속하기 때문이다.

관조와 성찰의 힘

먼저 늙어간 인생 선배들의 경험담과 조언이 무수히 많지만 우리는 누구나 자신이 처한 상황에서 처음 가보는 노년기 인생의 먼 길을 가야 한다.

과거에는 노년기를 인생의 짧은 마지막 단계로 여겼지만 요즘은 노년기가 30년 이상으로 되었다. 그래서 노년기도 흔히 세 단계로 노년 초기, 노년 중기, 노년 말기로 세분되고 있다.

우리나라는 2025년에 초고령사회로 진입했다. 전체 인구의 20%가 넘는 인구가 65세 이상이니 장수국가인 것이다.

통계청 자료에 의하면 2015~2019년 사이의 5년 동안에 사망한 한국인의 평균연령이 남성 85.6세, 여성 90세이다.

장수는 모든 이의 소망이지만 축복만은 아니다. 노년의 삶에 대한 준비가 부족한 사람에게는 재앙이 될 수 있다. 질병과 고독 속에서 고통스러운 삶을 영위하며 가족과 사회에 부담을 주는 골칫거리일 수 있다.

중요한 것은 오래 사는 것이 아니라 잘 늙고 잘 죽는 것이다. 'Well-aging'과 'Well-dying'은 개인과 사회의 모두에게 가장 중요한 관심사이다.

"죽음은 천 개의 얼굴을 지니고 있으며, 그곳에 이르는 만 개의 길이 있다"는 말이 있듯이 노년기에 접어들면 죽음에 이르기까지의 삶은 건강, 재력, 가족관계, 성격 등에 따라 사람마다 천차만별로 펼쳐지게 된다.

노년기는 채우기보다 버리고 갈 일만 남아서 삶이 더욱 가볍고 자유로워지는 즐거움을 나타내는 몸과 마음의 변화를 담담히 바라보면서 미소 지을 수 있는 관조적 자세를 확립하는 것이 필요하다. 잘 늙기 위해서는 마음의 수행이 가장 필요한 시기일 뿐만 아니라 수행을 하기에 가장 좋은 시기이기도 하다.

노년기에 찾아오는 집착과 유혹 그리고 고통과 공포를 뚜렷하게 깨어내 담담하게 바라볼 수 있으려면 마음 수행에 따른 관조의 힘을 길러두어야 한다.

원숙한 노년의 삶을 위해서는 '제행무상, 일체개고, 재법무아'를 마음 깊이 새기면서 자신과 세상에 대한 집착을 내려놓는 '방하착'의 노력이 필요하다.

스트레스는 덜고 행복은 더하고

1. 사랑을 한다.
2. 새로운 일에 도전한다.
    - 즐거운 스트레스에 의해 나쁜 스트레스가 완화된다.
3. 긍정적인 생각
4. 웃는다.
5. 욕조에서 휴식
    - 미지근한 물에 30분 – 이완 상태(부교감신경)
6. 옛날 생각 – 즐거웠던 옛일
7. 노트에 쓴다 – 생각하고 있는 일을 쓴다.
8. 정보 차단 – TV, 신문, PC, 휴대전화 끈다.
9. 그만둘 준비를 한다.
10. 돈에 구애받지 않는다.
11. 스트레스 타입을 안다 – 생활을 바꾼다.
12. SEX – 베타 엔돌핀의 분비 촉진

13. 10분 릴렉스 업-조용한 장소에서 명상

14. 우선순위를 매긴다.

15. 허브차-향기로 약리작용

16. 지압

17. 애완동물을 쓰다듬는다.

18. 걱정거리 리스트-순서대로 정리

19. 버린다-오랫동안 사용 안 한 물건 버린다.

20. 걷는다.

복지사회가 이어지는 길

현대 복지국가는 세 가지 방식으로 복지급여를 제공한다.
1) 특정 사회적 범주에 속한 사람들에게 소득과 자산 또는 상대 등에 관계 없이 보편급여를 제공한다.
2) 사회 보험에 가입한 피보험자와 그 부양자에게 사회적 위험에 대처할 수 있도록 사회 보험 급여를 제공한다.
3) 수급 자격 조건을 충족시키는 수급자에게 자산조사 급여(means-tested benefits) 또한 소득연계 급여(income-related benefits)를 선별적으로 제공한다. 사회복지를 위한 국가의 역할은 소득 이전자(income transferor), 서비스 제공자(service provider), 재원 보조자(financial supporter), 규제자(regurator) 등 다양하다.

바(N. Barr)는 복지국가의 주요기능으로 '로빈후드(Robbin Hood)' 기능과 '돼지 저금통(piggy bank)' 기능을 제시했다. 전자는 마치 로빈후드가 부자로부터 자원을 빼앗아 가난한 이들에게 나누어 주었듯이 국가가 빈곤 구제와 더불어 소득과 부를 재분배하고 사회적 배제를 줄이는 등

평등주의 정책을 지향하는 것을 말한다. 후자는 주로 사회 보험을 통해서 자원과 기회를 생애주기에 걸쳐 재분배하는 정부의 활동을 말한다. 결국, 복지국가가 실제로 로빈후드 기능과 돼지 저금통 기능을 어떻게 조합하느냐에 따라 개별 복지국가의 성격과 특성이 나타난다.

복지국가가 사회적 불평등을 줄이는 방법은 수평적 재분배와 수직적 재분배로 나뉜다. 수평적 재분배는 사회 보험이다. 사회 보험은 생애주기에서 닥치게 될 질병, 실업, 노령 등 전통적 사회위험에 대비하여 설계된 것으로 건강한 사람에게서 환자로, 취업자에게서 실업자로 소득이 이전된다. 이것이 집단적 돼지 저금통인 것이다. 그러나 이것은 삶의 안정에는 도움이 되지만 계층간 평등에는 별로 기여하지 못한다. 수직적 불평등의 예로는 일반 조세를 재원으로 저소득층에게 지원하는 다양한 급여를 둘 수 있다. 이를 로빈후드 역할이라고 할 수 있는데, 조세제도의 누진율(progressivity)과 사회지출이 가장 어려운 사람들에게 불(不)비례적으로 이전하는 정도에 따라 결정된다.

UN은 빈곤을 '소득과 존엄 속에 살아갈 기본적 능력 모두가 결핍된 다차원적 현상'이라고 정의한다. 일반적으로 빈곤은 재화나 서비스가 절실하게 요구되는 열악한 물질적 조건을 뜻하거나 저소득과 제한된 자원으로 불평등에 처한 하위 경제 계급과 같은 경제적 지위, 가난한 사람들이 겪어야 하는 급여수급권의 결여 및 의존성, 사회적 배제 등이다.

빈곤은 절대적 빈곤(absolute poverty)과 상대적 빈곤(relative poverty)으로 구분한다. 빈곤에 대한 가장 효과적인 대응방법은 경제발전을 통해 다수의 경제적 조건을 개선하는 것, 사회 보호를 통해 빈곤에 취약한 사람들을 개선하는 것, 정치적 능력 부여(political empowerment)를 통해 가난한 사람들이 스스로 자신의 삶을 바꿀 수 있도록 하는 것 등이다.

사회복지 국가들은 2차 세계대전 이후 세계 경제의 추세에서 살아남기 위해 치열한 재편의 길을 걸었다. 그래서 사회보장비용 억제, 노동 연계 복지, 탈규제, 민영화, 재정 건전성에 주력했다.

그 후 등장한 신자유주의는 시장경제의 역동성을 진작시키는 데 기여했으나 빈곤과 불평등, 사회적 배제 및 사회적 양극화를 심화시키고 끝내 '신사회적 위험'들을 내놓았다. 서구 복지국가들은 전후 황금기에 이어 위기와 도전, 그리고 복지체제 재편을 겪었다. 복지의 총체적 규제자로서 국가의 역할은 전혀 위축되지 않았고, 시민들의 사회권도 책임과 의무가 강조되고 있으나 그 본질은 훼손되지 않았다.

한 마디로 복지국가는 그간에 있었던 암흑의 시련에서 의연히 살아남았으며, 복지국가의 미래 및 복지 지속성(welfare sastainability)에 대한 시민적 믿음도 퇴색하지 않았다.

천국은 정말 존재할까

천당이란 무엇일까. 살기 좋은 곳으로 상상되는 천당은 여러 가지 언어로 표현되고 있는데 그것은 사람이 마음 편하고 즐겁고 행복하게 살아갈 수 있다고 보는 무릉도원, 파라다이스, 유토피아, 극락세계, 천국일 것이다.

무릉도원(武陵桃源)은 4세기경 진나라 후기의 중국 왕조 동진(東晋)의 전원시인 도연명(陶淵明; Tao Yen ming, 365~427)이 지은 별천지이다. 동진을 효부제가 통치하던 시절에 후난성의 무릉이란 곳에서 한 어부가 발견한 별천지 무릉도원은 해변의 동굴 속에 숨겨져 있던 화려한 집과 자연이 어우러진 낙원에서 남녀노소 모든 사람들이 행복하고 즐겁게 살고 있는 별천지였다. 그 신비한 별천지에서 며칠 동안 지낸 후 떠나는 그 어부에게 별천지의 한 사람이 "바깥세상에 나가면 이 별천지에 대해 절대 말하지 말아 주세요"라고 부탁했다. 그러나 그 어부는 호기심에 그 부탁을 무시하고 동네 사람들과 함께 그 신비한 곳을 찾아 나섰으나 두 번 다시 그 신비한 별천지는 사라지고 없어져 볼 수 없었다.

걱정이나 근심이 없이 행복을 누릴 수 있는 낙원을 파라다이스(Paradise)라고 하는데 완벽한 행복과 기쁨, 즐거움과 평화를 누릴 수 있는 낙원을 의미한다. 파라다이스의 어원은 페르시아에서 유래된 말로 이 말은 고대 그리스의 사상가였던 저술가 오세노폰(Xenophon, BC 435~354)이 그리스에 처음 소개한 페르시아 왕후 귀족의 공원으로 나중에는 죽은 자가 고통에서 해방돼 행복하게 지내는 서해 끝의 섬을 설명하는 데 쓰이기도 했다.

장편소설 「뇌(Lutine Secret)」「파피용」「개미」로 유명한 프랑스 천재 작가 베르나르 베르베르(Bernard Werber, 1961~)가 파라다이스에 대해 들려주는 17편의 기발한 이야기가 있다. 이 파라다이스를 기독교 창세기 편에서는 에덴동산(The Garden of Eden)을 의미하기도 하고 신약성서에서는 신의 축복을 받은 사랑이 있는 곳으로 되어 있다.

우리는 가장 완벽하고 평화로운 땅을 이상향으로 보고 유토피아(Utopia)라고 하였다. 아일랜드의 독실한 가톨릭 신자이자 인본주의자 토마스 무어(Thomas More, 1779~1852)가 16세기 유럽의 부패한 권력과 사회를 풍자하고 가상의 이상 사회를 통해 현실개혁을 역설한 고전 『유토피아』는 정치적 공상 소설이다.

유토피아란 현실적으로 아무 데에도 존재하지 않는 이상적인 나라 또는 이상향을 가르치는 말이다. 원래 이 말은 토마스 무어가 그리스어의 '없는(ou)'와 '장소(topos)'를 결합하여 만든 말이다. 근세의 유토피아 사상과 프랑스의 계몽사상가 루소(Rousseou, 1712~1778) 등의 원초적 자연상태로의 황금시대에 대한 꿈이다.

고대 그리스의 위대한 철학자 플라톤(Platon, BC429~BC347)의 이상국에 대한 꿈까지 포함하여 일관된 특징은 이상향이 아무 데에도 존재하지 않는 세계라고 하면서도 실은 어디까지나 현세와의 시간적, 공간적 연속선상에서 그 세계를 꿈꾸고 있다는 점이다. 라틴어로 쓰여진 이 책의 명칭은 『국가의 최선 정체와 새로운 섬 유토피아에 관하여』이다.

이 작품은 유쾌한 이야기 방식을 빌어 당시의 부패한 그리스도교 사회의 개혁과 재생을 정치가와 종교인에게 호소하고 참된 공공의 정의란 무엇인가를 묻는 그리스도교 인본주의의 손으로 창작된 것이다.

불교를 믿는 사람들은 일편단심으로 '南無阿彌陀佛/ 나무아미타불' 이라고 외운다. 그 사람이 임종할 때에는 아미타불에서 훌륭한 여러 제자들을 거느리고 나타나 즐거움이 넘치는 극락세계로 그를 인도하신다고 한다. 나무는 '南無' 라는 뜻이고 아미타는 '阿彌陀' 라는 뜻으로 한량없는 수명을 가진 부처님을 아미타불이라고 한다.

몸이라는 것은 백년도 못가서 죽어 없어지지만, 그 몸속에 들어있는 주인공의 마음은 죽는 것도 아니고 늙는 것도 아니고 썩는 것도 아닌 법문을 들을 줄 아는 이 주인공, 자아의 본래 주인공을 찾는 종교가 불교이다.

천국(천당)의 개념은 세계 여러 종교에서 다양하게 해석되어 왔다. 천상의 공간인 천당은 선과 성스러움이 특징적인 법을 상징한 태양과 별과 달이 위치하는 장소이기도 하다. 빛은 지하세계의 악의 성질인 어둠과 반대된다.

기독교에서는 천국을 그리스도의 진정한 신자와 추종자들의 목적지로 생각하였다. 천국은 선택되거나 구원받는 자들이 사후에 가는 장소이기 보다는 그리스도와 함께 가는 삶의 상태를 상징한다.

동양 종교에서 천국의 개념은 매우 다양해서 어떤 것은 서방 종교와 비슷하고, 어떤 것은 매우 다르다. 중국인들은 하늘(天)이 인간의 도덕법인 자연의 물리적인 법칙의 수호자로 신적 의지와 동일하다고 생각하였다.

대승불교에서는 천국을 모든 살아있는 창조물을 구원하기로 맹세한 아미타불이 구원하는 은총을 받아들인 사람들이 가는 곳으로 생각했다. 소승불교 사람들은 천국을 말하지 않고 욕망이 소멸된 존재 상태인 니르바나(Nirvana, 열반)를 주장한다.

고대 그리스, 인도, 이슬람 등의 여러 신앙에서 볼 수 있는 천국의 개념은 죽은 자의 나라로서 신과 함께 사는 곳으로 간주 되었다. 천국은 여러 가지 색상의 물이 되고, 맑고 깨끗한 물이 흐르고, 바람은 시원하게 불고, 황홀한 음악이 들려오며, 맛있는 음식이 풍성한 감각적인 낙원으로 묘사되고 있지만, 같은 천국도 더운 지방에서는 서늘한 바람을 바라고 마른 지역에서는 맑고 청정한 물을 그렸으며, 이슬람에서는 미녀들이 시중을 드는 등 지역의 풍토나 사회상이 반영되고 있다.

천국은 신들이 살고 있는 곳이며, 사후에 생명이 가능한 곳이고 신자의 세계라는 점에서 인간의 죽음과 이 세상에서 살아가는 방법이 문제된다. 또 천국을 내세에서 구하지 않고 인간의 상징적인 세계로 현세에서 구하는 데에 천국관은 중요한 종교 사상을 이룬다.

큐피드 화살에는 죽음도 있다

사자가 농부의 딸을 보고 사랑에 빠져 청혼했다. 농부는 야수에게 딸을 내어줄 수도 없고 야수를 거절할 수도 없는 진퇴양난의 상황에서 한 가지 꾀를 냈다. 그는 사자에게 당신은 사윗감으로 적격이지만 딸이 날카로운 이빨과 발톱을 무서워해서 이빨과 발톱을 제거하기 전까지는 청혼을 받아들일 수 없다고 둘러댄 것이다. 사자는 그 말을 듣고 이빨과 발톱을 제거한 뒤 농부를 다시 찾아왔고 농부는 사자를 여유 있게 몽둥이로 때려 쫓아 버렸다. 이솝우화에 나오는 이야기다.

스코틀랜드의 번역가이자 지도 제작자인 존 오길비(John Ogilby, 1600~1676)가 번역 편찬한 이솝우화에는 큐피드의 죽음이라는 이야기가 실려 있다.

사랑의 신인 큐피드는 더운 여름날 지친 몸을 이끌고 서늘한 동굴을 찾아들었다가 그만 화살통을 바닥에 쏟았다. 그런데 그 동굴은 죽음의 신의 거처였고 큐피드가 쏟아낸 화살을 주워 담았을 땐 그의 화살통에는 죽음의 화살들이 섞여 들어갔다. 반대로 동굴에는 죽음의 화살 사이에 큐피드가 흘린 사랑의 화살이 남겨졌다. 그래서 사랑에 빠져야 할 생기 넘치는 젊은이들이 갑작스런 죽음을 맞고 죽을 때가 다 된 노인들이 사랑에 빠지는 일이 벌어지게 됐다.

이성적으로 설명될 수 없고 법칙에 따른 계산이나 예측도 허용하지 않는 사랑의 특징은 사회질서의 근간이 되는 모든 경계에 대해 파괴적인 경향으로 나타난다. 모자 관계에서 모든 남자의 첫사랑이 시작되고 근친상간의 금지가 모든 사회질서의 기초라는 지그문트 프로이트의 이론은 바로 사랑과 사회적, 도덕적 규범 사이의 근본적 갈등에 대한 인식을 표현한다.

그런데 이솝우화에서는 자연적 경계마저 무색하게 만드는 사랑의 마력에 대한 이야기들이 발견된다. 그중 하나는 잘 생긴 젊은 청년을 사랑하게 된 족제비 이야기다.

사랑에 빠진 족제비는 아프로디테에게 여자가 되게 해 달라고 빌었고, 여신은 족제비의 슬픈 사랑은 가엾게 여겨 아름다운 여인으로 변신시켰다. 청년도 그녀에게 반해 그녀를 아내로 맞이한다. 그 후 행복한 결말에 이르는 듯하지만 문제는 그 이후에 발생한다.

아프로디테는 족제비가 겉모습과 함께 진짜 본성도 바뀌었는지 궁금해 침실에 쥐 한 마리를 보낸다. 족제비는 쥐를 보자 그만 모든 걸 잊어버린 채 먹잇감을 향해 달려들고, 이에 화가 난 아프로디테는 여자를 다시 족제비로 되돌려 버린다.

이 이야기는 웅녀가 된 곰의 이야기를 연상시킨다.

농부의 딸을 사랑한 사자의 우화는 오히려 사랑에 빠져 강한 힘을 잃어버리고 몰락하는 비극적 영웅의 이야기와도 비교될 수 있다. 예를 들면 데릴라를 사랑한 삼손이 그런 인물이다. 삼손은 블레셋인들에게 매수된

데릴라의 집요한 질문을 못 이기고 그만 자신의 초인적 힘이 긴 머리카락에서 나온다는 것을 알려준다.

데릴라는 중대한 비밀을 알아낸 뒤 삼손이 잠든 사이에 블레셋인들을 불러들이다가 삼손은 적에게 머리카락과 눈을 잃어버리고 포로가 된다. 삼손이 힘을 잃는 것을 방심한 탓이다. 데릴라의 거듭된 질문에 질려서 생각 없이 비밀을 털어놓은 삼손과 비교하면 이솝의 우화가 사랑 이야기로는 더 비장하게 느껴질 수도 있다.

사자는 사랑을 취한 끝에 부주의로 이발과 발톱을 잃어버린 것이 아니라 사랑하는 농부의 딸을 안심시키기 위해 스스로의 의지로 자신의 강한 무기를 제거한 것이기 때문이다. 몽둥이에 맞고 쫓겨난 사자는 어떻게 됐을까, 사자는 아마 굶어 죽었을 것이다.

인간의 성애에 관한 프로이트 이론의 기초를 이루는 오이디푸스 콤플렉스 모델에서도 사랑과 죽음이 긴밀하게 연결되어 있다. 오이디푸스 콤플렉스는 어머니에 대한 사랑과 아버지에 대한 살의, 근친상간과 부친 살해의 모티브로 구성되어 있다.

프로이트는 훗날 이를 인간의 근본적인 두 충동, 에로스(성 충동)와 타니토스(죽음 충동)에 대한 이론으로 발전시킨다.

세상의 경계를 알지 못하는 사랑이라는 테마는 사랑하는 연인의 죽음으로 끝나는 많은 비극적 로맨스를 낳았다. 그 중 대표적인 것을 뽑으라고 하면 많은 사람이 셰익스피어의 「로미오와 줄리엣」을 떠올리겠지만 이 비극은 고대의 신화적 원행을 가공한 것이다.

오비디우스의 변신담에 나오는 「파라무스와 티스베」 이야기가 그것이다. 담장 하나를 두고 원수같이 척을 지고 사는 두 집안의 아들과 딸인 피라무스와 티스베는 누구도 떼어 놓을 수 없는 연인이 된다. 당연히 부모의 반대에 부딪힌 두 사람은 밤에 만나 함께 도주하기로 한다.

약속 장소에 먼저 나온 티스베는 방금 먹이를 잡아먹고 주둥이에 피를 묻힌 밤 사자를 보고 무서워 달아나고, 약속 장소에서 암사자가 찢어버린 티스베의 베일을 발견한 피라무스는 그녀가 죽었다고 믿고는 칼로 자결한다. 죽어가는 피라무스 앞에서 티스베 역시 그 칼로 최후를 맞이한다.

행복은 우울의 반대말이 아니다

　우울증은 과거의 상실에 대한 반응이고, 불안증은 미래의 상실에 대한 반응이다. 임상심리학자 앤드류 솔로몬은 「한낮의 우울」에서 "너무 많은 사람이 고통을 비밀로 간직한 채 보이지 않는 휠체어를 타고 살아간다"고 말했다. 이 보이지 않는 휠체어에 많은 한국인들이 올라타 있다.
　OECD 통계에 따르면 한국인의 우울증 유병률은 36.8%로 조사대상국 중 1위이다. 불안증세를 겪는 비율은 30.0%로 세 번째다. 한국인은 왜 이렇게 아프고 우울한가. 도대체 우리는 과거로부터 또 미래로부터 무엇을 잃어버린 것일까.
　우울증은 사회적 질병이라 사회경제적 환경에 크게 영향받는다. 한국의 경우 물질적 토대는 이전보다 개선됐으나 '개인주의'가 덜 발달해 타인의 시선을 지나치게 의식하고 타인과의 비교가 일상화되어 있다. 비교와 경쟁이 심해 '내 삶이 상대적으로 궁핍하고 불행하다'고 느낀다.
　한국사회에서 불안지수가 가장 높은 세대는 20~30대다. 대학을 졸업해도, 높은 영어 점수를 받아도 취업이 보장되지 않는 '불확실한 상황에서의 경쟁'이 젊은이들을 절망으로 내몰고 있다. 뭘 해야 더 나은 미래가 열리는지 알 수 없는 환경이 그들을 우울하고 불안하게 만드는 것이다.

반면 70~80대는 경제적 궁핍, 부실한 사회 안전망, 사회적 관계 단절 등으로 우울감을 호소한다. 노인자살률이 압도적으로 세계 1위이다. 성별로 보면 여성이 남성보다 심각하게 우울증을 토로하고 불안지수도 훨씬 높다.

우울증 환자의 뇌는 정신적으로 건강한 사람의 뇌와 현저히 다르다. 만족감을 느끼는 데 필요한 세로토닌의 분비와 일상의 작은 기쁨을 느끼는 보상중추(측좌핵)의 활동이 줄어들어 놓칠 뻔한 버스를 운 좋게 타거나 승진하거나 맛있는 음식을 먹어도 별로 기뻐하지 않는다.

무엇보다 현재를 판단하고 미래를 전망하는 전전두엽 기능이 떨어져 자신을 평가절하하는 왜곡된 판단을 내린다. 뇌기능 저하만으로 우울증을 설명할 수 없지만 뚜렷한 뇌변화가 발견되는 만큼 임상 뇌과학적 접근이 절실하다.

우울한 쥐를 물속에 빠트리면 허우적거리지도 않고 그냥 죽는다. 이른바 '아네도니아' 현상으로 우울증이 생명의 본능인 '삶을 향한 의지'마저 상실하게 한다. 우울한 감정이나 불안은 개인의 잘못이나 노력의 부족이 아니라 그들에게 놓인 특별한 상황 탓이다. 그러니 '극복을 위해 어떤 노력을 했는가'라고 따져 묻는 건 도움이 안 된다.

책망하는 듯한 사회 분위기를 바꿔야 한다. 마음이 아픈 사람늘이 손을 내밀 때 잡아줄 수 있는 제도도 중요하다. 삶은 바다에서 헤엄치는 것과 같다. 안전요원이 지켜보고, 부표 같은 이정표와 안전한 그물망이 있을 때 우리는 바다를 즐길 수 있다.

우울증에 걸린다고 반드시 극단적인 선택을 하는 건 아니다. 자살 시도

조차 귀찮고 무서워 몸을 움츠리는 사람이 많다. 컵에 물이 반 정도 있을 때 '반밖에 없네'가 아니라 '조만간 누가 내 물을 마실 거야'라고 겁을 먹으며 미래를 부정적으로 생각하는 이들이 극단적 선택을 한다.

예전에는 자살이 '죽고 싶은 충동을 억누르지 못해 벌어지는 현상'이라고 생각했는데 사실 '충동억제 실패'가 결정적 요인이 아니라 '삶을 더 이어가는 노력'과 '지금 마감하는 것' 사이에서 손익계산을 한다. 죽음을 심사숙고하며 타인에게 구조신호를 보낸다. 미래 전망이 점차 비관적으로 바뀔 때 손익계산의 결과로 자살을 선택하게 된다.

성취는 세상이 원하는 재능을 적절한 타이밍에 발현하고 이를 알아주는 사람이 있어야 가능하다. 재능과 노력만으로 얻을 수 있는 게 아니다. 따라서 우리는 누구나 언제나 무력감에 빠지고 우울감을 느낄 수 있다.

세상은 공정하지도 않고 정의롭지도 않지만 인간은 부조리한 사회를 견뎌내기 위해 '과정을 통해 행복해지는 뇌'를 발명했다. 성취와 결과가 주는 행복감에는 이내 적응되지만 과정이 주는 행복감과 만족감은 길고 무덤덤하다. 행복은 인생의 목표가 아닌 힘든 삶을 이겨내는 동력에 가깝다.

행복의 발견과 발명을 통해 우울을 극복해야 한다. 행복은 우울의 반대말이 아니다.

천국은 과연 있는가

죽음에 대한 삼단논법이 있다. 고대 그리스 철학자 에피쿠로스(BC 341 ~270)의 말이다.

전제 1. 우리가 살아있는 한 죽음은 존재하지 않는다.

전제 2. 우리가 죽게 되면 더 이상 살아있지 않다.

결론: 따라서 죽음은 두려워할 필요가 없다.

에피쿠로스는 욕심을 버리고 자족하는 삶을 살라고 했다. 생전에 물질보다는 정신적 안락을 만끽하면서 살라는 말도 했다. 에피쿠로스는 2300년 전 사람인데도 이런 현명한 생각을 했다. 그는 '인간은 원자로 구성돼 죽음과 동시에 모두 흩어진다'고 했다. 육체가 소멸해도 영혼은 살아있다는 따위의 생각이 아닌 것이다.

현대인들은 에피쿠로스 때보다 진화하지 못한 사고를 가지고 있다. 죽음 이후의 영생을 믿는 것이다. 한술 더 떠서 영생이라는 것이 좋은 사람은 죽어서 천당에 가 행복하게 살고, 나쁜 사람은 지옥에 떨어져 고통스럽게 지낸다고 해석한다. 현대의 똑똑한 엘리트들도 이 선악의 이분법적 틀에 갇혀 있다.

　천당과 지옥은 이 세상에 살면서 남 괴롭히지 말고 좋은 일만 하라는 뜻에서 지어낸 얘기인데 이를 이성적으로나 과학적으로 해석하지 못하고 우주의 진리인 양 믿고 따르는 것이다.

　그리스의 플라톤(BC 427~347)도 영생을 믿었다. 그는 '인간의 육체는 시간이 지나면 소멸하지만 영혼은 불멸하다'고 했다. 그러면서도 그는 '사람이 죽으면 그가 이승에서 어떻게 살았는가에 따라 다음 세상이 결정된다'고도 했다. 선하게 살았다면 영혼은 이전보다 좀 더 나은 환경에서 태어나지만 악하게 살다 죽으면 좋지 않은 몸을 받게 된다는 것이다.

　공자는 죽음에 대해 묻자, '삶도 알지 못하면서 어찌 죽음을 알겠느냐'고 간단명료하게 정리했다. 이 답변에는 알지도 못하는 죽음에 대해 미리 걱정하고 두려워하지 말고 현재의 삶에 충실하라는 교훈이 담겨 있다.

　지금 이 순간 죽는다고 해도 남들과 비교해 손해 본다고 억울해할 일도 아니고 미련을 가질 일도 아니며 슬퍼할 일도 아니다. 삶과 죽음, 그게 그거다.

사람의 선악은 인성보다 상황에서 온다

    인간의 본성은 선할까 악할까, 아니면 선하지도 악하지도 않은 중립적이거나 경험을 통해 습득되는 것일까. 인간의 본성에 대하여는 맹자와 순자의 성선설, 성악설을 비롯해 동서양의 많은 철학자와 종교인들에게 그리고 문학과 예술분야에서 단골 주제였다.

    인간의 도덕적 행동과 판단에 대해서도 심리학자들은 다양한 경험적 관찰과 과학적 실험을 통해 연구를 진행해 왔다. 심리학자들은 어떤 사람들이 어떤 상황에서 어떤 행동을 선하거나 혹은 악하다고 판단하고 또 실제로 어떤 행동을 하는지에 관심이 있으며 사람들이 그렇게 생각하거나 행동하는 이유의 기저는 무엇인지 이해하려고 한다.

    성경에 나오는 이야기에 「선한 사마리아인」이 있다. 어떤 사람이 길에서 강도를 만나 가진 것을 빼앗기고 피를 흘리고 쓰러져 있는데, 그 길로 제사장이나 레위인(당시 종교지도층)이 지나가며 봤지만 도와주지 않았고, 결국 어떤 사마리아인(당시 사회적으로 배척받던 사람)이 그 사람을 정성껏 도와주었다는 이야기다. 과연 누가 우리의 이웃인가를 생각하게 하는 예수

님의 말씀으로 성경에 기록돼 있다.

　납세의무나 병역의무를 불법적인 방법으로 피할 수 있다면 그렇게 하겠는가. 영화나 서적을 불법으로 복제하거나 전송받을 수 있다면? 부정행위 등 정당하지 않은 방법으로 시험성적을 높일 수 있다면? 거짓말을 해서 이득을 얻을 수 있다면?

　큰 이득이 기대될 때 우리 뇌의 측격측좌핵(nucleus accumbens)이라는 영역이 활성화되는데 이 영역이 상대적으로 더 활성화되면 속임(cheating)과 같은 부정적인 행동이 나타날 수 있다는 것이다.(Ave와 Green 연구) 결국 욕심이 과하면 죄악을 낳는다는 신경학적 기전을 보여주는 것이다.

　최근 연구를 선과 악의 차원에서 확장해 생각해 볼 때 악한 사람이 선한 행동을 하게 만드는 곳과 선한 사람이 악한 행동을 하게 만드는 곳이 우리 뇌의 같은 곳이라는 것이다. 더 선한 사회로 만들기 위해서 선한 사람은 교만하지 않게, 악한 사람은 고민하게 만드는 것이 좋다. 선한 사람들이 납세나 병역을 고민하게 되면 우리의 미래 사회는 어두울 수밖에 없기 때문이다.

　역사적으로 마녀사냥의 절정기는 근대(16~17세기) 시기였다. 중세가 아닌 과학이 중시되던 시기에 악마와 내통했다는 이유로 3만 명이 넘는 사람이 고문당하고 화형에 처해졌다. 이 시기에 마녀사냥을 자행한 장본인은 이단 척결에 나선 교회일 것 같지만 실제로는 세속 권력이었다.

　당시 마녀사냥을 국가와 지방 지주 등이 법적 절차에 따라 진행한 공식 재판이었다. 역사적으로 이성과 계몽, 과학이 발전한 이 시기에 비근대적인 종교 광풍이 분 것이다. 주경철 서울대 교수는 '세속권력은 통치의 정당성을 확립하고 신민들을 복종시키기 위해 교회가 가진 권위를 필요로

했다'고 했다. 권력과 기득권을 가진 세력이 반대편을 몰아내기 위한 수단으로 마녀사냥을 악용했다는 것이다. 마녀사냥은 주로 재난 등 사회 혼란과 위기가 발생했을 때 등장했다.

또 독일 나치는 정치적 정당성을 확보하기 위해 600만 명의 유대인을 학살하는 홀로코스트를 저질렀다. 반대파 1,000만 명을 숙청한 소련의 스탈린도 대표적인 마녀사냥 사례다. 마녀사냥은 1950년대 미국에서 공산주의자를 색출하는 매카시즘 열풍으로도 나타났다. 움베르토 에코는 「장미의 여름」에서 '신앙과 광신은 종이 한 장 차이'라고 말한다.

도덕적 판단은 상대적이다

프로메테우스 사람을 만들면서 두 개의 자루를 달아줬다. 앞에 단 자루는 남의 악덕이 들어있고, 뒤의 자루에는 나의 악덕이 들어있었다. 그래서 사람들은 남의 결점은 즉각 알아보지만 자신의 결점은 잘 보지 못하는 것이다.

이 이솝우화는 쉽게 남을 탓하면서도 스스로를 반성할 줄 모르는 인간의 편향을 지적하는 이야기로서 '너는 어찌 네 형제의 눈 속의 티는 보면서 네 눈 속의 들보는 보지 못하느냐'는 유명한 마태복음의 한 구절을 상기시킨다.

그렇다면 남의 결점을 잘 보고 있지만 자기 결점을 못 보는 것은 곧 인간의 본성이니 어떻게 고쳐볼 도리가 없다. 이른바 내로남불이 단순 유행어를 넘어 '시대정신' 처럼 돼 버린 요즘이지만 고대 그리스인들도 이를 어쩔 수 없는 성향으로 보고 있었다면 우리의 현실을 특별히 이상한 것으로만 볼일은 아닐지도 모른다.

프로메테우스는 왜 두 개의 자루를 똑같이 앞에 달거나 뒤에 달지 않고 각각 앞뒤로 놓은 것일까. 프로메테우스의 인간 설계는 어떤 뜻이 담겨 있을까, 그것은 설계상의 결함일까.

인간은 먼저 자기 자신의 욕망을 충족시키기 위해 움직이고 자신의 이익을 추구하는 경향을 보인다. 그런데 이해관계는 개인에 따라 다르기 때문에 개인의 이기적 성향과 충돌할 수밖에 없다. 사회질서의 교통정리 기제가 도덕이다.

도덕은 개인에게 욕망을 억제하고 자기만을 위한 이익 추구 노력에 한계를 둘 것을 요구한다. 도덕은 사회 구성원 모두가 받아들이는 원칙에 따라 개인의 이기심을 공정하고 적절하게 대함으로써 이기적 욕망 사이의 충돌을 막고 사회가 어느 정도 조화롭게 유지되도록 해준다.

그렇다면 프로메테우스는 왜 이렇게 인간을 결함이 많도록 설계한 것일까. 그것은 도덕 판단의 편파성은 인간 이기심의 별로일 따름이다. 인간이 이기적 본성을 가지고 있으므로 이기심을 제어하는 정치인 도덕 역시 인간에 의해 이기적 동기에서 도구화될 가능성이 생기는 것이지, 프로메테우스의 괴상한 농간으로, 그러니까 우화는 도덕적 판단의 편파성 기원을 설명하고 이를 체념적으로 수긍하는 것이 아니라 그러한 편파성을 기이하게 비꼬는 풍자의 의미를 담고 있다.

프로메테우스의 두 자리에 현혹돼 세상의 반쪽만 보고 살지 않아야 한다는 것, 나와 남을 모두 비판적으로 볼 수 있어야 한다는 것이 이 우화의 메시지이다.

욕망과 이익을 좇는 인간

'이익이 있는 곳에 백성이 모여들고 명예가 있는 곳에 선비들이 목숨을 건다.'

- 한비자

한비자는 호리지성(好利之性) 그리고 호명지성(好名之性)이 인간을 움직이는 원동력이라고 보았다. 한비자 생각에 인간은 이익이나 욕망을 추구한다. 그러나 그 자체가 나쁜 것은 아니다. 한비자는 이익을 유가, 묵가, 도가와 달리 가치중립적인 것으로 본다.

고용주는 피고용인이 예쁘고 사랑스러워 임금을 주는 것이 아니다. 고용인 역시 고용주가 존경스러워서 열심히 일하는 것이 아니다. 각자 자신의 이익을 위해서 임금을 주고 일을 하는 것이다.

인간은 이익을 추구하고 이익을 매개로 만나는데 각자가 자기 이익을 위해 싸우기도 하지만 이익을 탐하는 덕분에 거래가 일어나고 협력이 되며 생산이 활성화되고 경제가 발전한다고 보았다.

이것은 아담 스미스의 말과 똑같다.

법가는 인간 특성과 이익을 긍정적으로 봤다.

① 인간 욕망, 이익은 현실적으로 절대 없앨 수 없다.

② 유기적인 사회적 분업을 가능케 한다.

③ 국력 신장에 이용할 수 있다.

마키아벨리가 정치를 종교와 도덕에서 구해내 독자적 영역을 만들어내 근대 정치학의 설립을 만들어냈다면, 아담 스미스는 경제를 종교와 도덕에서 분리해 내서 경제학의 독자적 영역을 만들어 근대 경제학을 만들어낸 사람이다.

이 두 가지 측면은 한비자에게서 모두 발견된다.

흔히 법가하면 부국강병만을 강조한다. 사실 부국이 되어야 강병이 가능해진다. 부국이 생산력의 발전과 재화의 생산량을 생각한다면 사람들을 경제주체로 볼 수 있어야 한다. 그들의 욕망과 명예에 관한 직시와 통찰이 있어야 한다.

국민은 현실 정치를 개탄하면서도 정치 잘하는 사람을 기다리고 있다. 정치 세계의 세밀한 부분은 잘 모르고 관심도 적다. 그러나 정의 사회를 구현하겠다는 사람에게는 호감을 갖는다.

공정으로 가는 여행

아시아 서남부 히말라야산맥 동쪽의 작은 왕국 부탄의 국민들은 매우 가난하지만 행복도는 세계에서 1위인 나라다. 정체성을 유지하기 위해 고립정책을 쓰고 있다. 요새를 뜻하는 전통 건물 종(Dzong)들이 그대로 보존돼 있고, 국민들 옷차림새 또한 수백 년 전과 똑같다. 그래서인지 '신비의 나라', '은둔의 나라'로 불린다.

이 나라를 찾으려는 외국인들이 꾸준히 늘고 있다. 여기에는 1974년부터 관광객을 받아들이기 시작한 부탄 정부의 독특한 정책이 주효했다. 1년 전 입국 외국인을 7,500명으로 제한하고 개별관광을 불허하고 있다. 그리고 가이드비와 숙박비, 교통비, 식비 등 명목으로 1인당 하루에 250달러씩 받는다. 이 중 60달러는 부탄 국민들의 교육과 의료서비스에 사용된다.

다소 비싼 감이 있지만 관광객들은 자연훼손을 하지 않고 문화를 폭넓게 이해할 수 있어 만족감을 표시하고 있다. 현지인에게 혜택이 주어진다는 것도 색다르다. 소위 공정여행, 착한 여행제도를 시행하고 있는 나라가 부탁이다.

  여행객은 물론 현지인들도 함께 즐거움을 느낄 수 있는 공정여행은 1988년 영국의 한 시민단체가 여행자들의 책임과 행동을 요구하면서 확산되기 시작했다. 그 방법은 어렵지 않다. 간단히 말하면 '어디를 여행할까' 보다 '어떻게 여행할까'를 더 고민하게 된다. 근사한 호텔에서 잠자고 식사하며, 대형 쇼핑센터에서 명품을 구입하고, 인공적으로 꾸며진 경관을 감상하고, 기존의 여행 관념에서 벗어나 현지 주민들을 배려하고, 방문 지역에 스며드는 여행이어야 한다는 것이다.

  공정여행은 외국에 갈 때만 적용되는 개념이 아니다. 자기 나라를 돌아다닐 때도 마찬가지다. 여행을 즐길 때 알게 모르게 누군가에게 피해를 주기 십상이다. 쓰레기로 환경을 오염시키며, 장기적으로 현지인의 삶을 방해하거나 문화를 파괴하기 때문이다. 또 최근에는 봉사와 관광을 겸하는 상품이 등장하기도 했다.

자신을 아는 지혜

'절제할 줄 아는 사람만이 자기 자신을 알기 때문에 자신이 무엇을 알고 무엇을 모르는지 돌아볼 수 있다.'

2500년 전 소크라테스는 소프로시네(sophrosyne) 즉 절제가 좋은 삶의 비결이라고 말했다. 소(so)는 보존하다는 뜻이고(sozon), 프로시네(phrosyne)는 지혜(phronesis)란 의미다. 소프로시네는 지혜 즉 어떤 일을 해도 좋을지 말지를 판단하는 힘을 절제를 통해 지키는 일이다. 그 중심에는 '자기 인식'이 있다.

자신의 현재 상태를 정확히 파악해 인식하는 능력은 인간의 대표적 특징이다. 자신을 아는 것은 아리스토텔레스, 칸트, 니체, 사르트르, 푸코 등 수많은 철학자의 단골 메뉴였다. 로크는 '자기 마음이 어떻게 작동하는지 지각하는 일은 또 다른 아이디어의 원천'이었고, 푸코에게 욕망을 관리하기 위한 '자기 안에서 공격을 맡을 부분과 공격을 당할 부분을 구분' 하는 일은 자기 돌봄의 출발이었다.

'나 자신을 알라'에서 스티븐 M. 플레밍 영국 유니버시티 칼리지 런던

(LCL) 심리학과 교수는 소크라테스를 뇌 연구와 접붙인다. 그는 심리학과 뇌과학의 혁신 성과에 바탕을 두고 메타인지의 작동 방식을 파헤친 후 이를 활용하는 방법을 가르쳐 준다.

심리학에서 자기 인식을 메타인지라 부른다. 자신의 내면 상태와 행동을 감시하는 뇌의 알고리즘이다. 뇌는 불확실성을 추적해 지각의 정확성을 높이고 자신을 관찰해 오류를 교정하며, 실수하면 행동을 바로잡는 정교한 기계장치다. 인간은 인지를 감시하고 수정하는 메타인지 능력을 타고났다.

발달단계 초기인 생후 12개월부터 이를 활용하고 24세 때에는 완연한 모양을 갖추며 이후 평생에 걸쳐 성찰적 사고를 통해 자신을 알아간다. 저자는 인간은 자신이 해야 할 바를 정확히 알았을 때만 잘못을 인정하고 실수를 후회하며 잘할 수 있다는 느낌이 들었는데도 실수를 저질렀을 때 예측 오류를 더 크게 느낀다.

지능이 높다고 자기 인식도 잘한다는 보장은 없다. 자신의 계산력을 과신한 오이디푸스는 정작 자기 자신을 몰라서 파멸했다. 자기 마음을 아는 힘을 문자인식 학습이 보여주듯 양육과 교육에 따라 달라질 수 있다.

자기 인식은 인간을 바꾼다. 그것은 경험에 결정적 영향을 미치고 다른 사람도 나와 똑같은 마음에 있음을 알게 해 준다. 자신을 아는 사람은 자신이 무엇을 얼마나 아는지 정확히 파악하는 힘이 있기에 남보다 잘 배우고 남들 마음을 더 잘 공감하기에 소통이나 협업이 능하다.

또한 확증편향에 빠지지 않고 자신이 틀렸을 수 있음을 인정하기에 남보다 좋은 결정을 내리고 자신의 언행을 돌이켜 판단해 스스로 책임을 진다.

한마디로 자신을 아는 사람은 자신과 타인을 더 나은 삶으로 이끌어가는 좋은 지도자가 될 수 있다. 뇌의 연합 피질은 뇌에 드나드는 수많은 입출력 신호가 결합하고 연결되는 것을 돕는다. 이 영역이 즉 전두엽의 전전두피질, 그중에서도 전두극이 메타인지를 관장한다는 것을 발견했다.

 마음 챙김 명상은 지속적인 자기 집중 능력 및 심적 상태에 초점을 맞추기에 자기 평가 능력을 연마할 수 있게 해 주고, 그날 배운 것을 저녁에 15분 정도 성찰하거나 남에게 설명하면 학습을 계속하는 것보다 20% 정도 높은 성적을 보인다.

 부정확하고 잘못된 지식 편견과 편향에 물든 정보가 넘쳐나는 세상에서 헛되이 길을 잃지 않으려면 자신을 돌보면서 자신의 앎을 확인하고 의심하는 힘이 절실하다. 자기 인식은 자기 자신을 건강하게 하고 더 좋은 사회를 실현하는 데 너무나 중요하다.

중도정치가 되어야 한다

 이제는 대한민국도 성숙한 국가로 성장했으니 통합정치를 구현해야 할 때가 되지 않았을까? 양극화된 정치를 해결하려는 목표를 가지고 유럽에서 구현되었던 중도정치를 한국사회에 접목시킬 수는 없을까.

 1980년대 유럽의 정치는 극단적인 양극으로 분화된다. 한쪽은 자유주의를 좋아하는 우파이며, 다른 쪽은 사회주의를 주장하는 좌파이다. 우파는 노동자를 빨갱이라 불렀고, 좌파는 기득권자를 꼴통이라고 불렀다. 도저히 타협이 불가능한 상태였다. 그런데 유럽은 그 답을 중도정치에서 찾았다.

 중도정치는 영국으로부터 시작됐다. 1850년대 존 스튜어트 밀(1806~1873)은 자유주의와 사회주의를 모두 비판하면서 '진보적 자유주의'라는 이념을 제시한다. 이것을 기반으로 페비안 사회주의자들이 실천적인 복지정책을 실현했고 자본가와 노동자들의 충돌을 중재했다.

 독일에서는 라살레가 혁명노선을 비판하며 노동자 정당을 만든다. 내부적으로는 이념 갈등이 없었던 것이 아니었다. 그러나 '수정주의' 논쟁을 통해서 마르크시즘의 강고한 공격성을 포기하고 의회주의를 받아들이자는 베른시타인의 제안이 설득력을 얻었다. 이것을 기반으로 바이마르 공화국에서 노동자들을 위한 정책들이 실현되고 노동자 복지가 보장된다. 이것을 계기로 독일은 민주주의와 자본주의의 성공을 맛볼 수 있었다.

프랑스에서는 정치적 음모와 권모술수가 극으로 치달았다. 예컨대 블랑제 장군을 중심으로 쿠데타 시도가 있었고, 드레퓌스를 간첩으로 조작하여 좌파와 유대인을 간첩으로 조작하여 몰락시키려는 시도도 있었다. 이 혼돈의 시기에 뒤르켕(E. Durkhein)이 등장해서 프랑스의 정치적 문제가 신성함에 대한 존중이 부족하기 때문이라고 진단한다. 정치권은 구태만을 반복하고 있으며 사람들은 갈라진 가치관에 함몰된 채로 있으니 혼란스러울 수밖에 없다는 것이다. 그는 이를 아노미라고 불렀다. 여기에 대한 해결책은 연대주의다.

나는 한국의 정치, 사회의 혼란이 새로운 시대에 부합하는 이념의 부재라고 생각한다. 한국의 현대사 중 1948년부터 1987년까지 건국과 산업화의 시기였다. 그리고 1987년부터 2002년까지는 민주화와 참여정치의 시기였다.

그런데 그 이후로 시대가 변화했음에도 불구하고 한국 정치는 새로운 이념과 정책이 나타나지 않고 있다. 양극화된 채 '적과 동지'로 나뉘는 현상 속에서 내전 상태를 유지하고 있다. 한쪽은 종북 좌파 세력이라고 하고, 다른 쪽은 보수 꼴통 세력이라고 한다. 도저히 화해할 수 없는 지경에 이르고 있다.

이 문제를 해결하는 길은 중도정치에서 찾아야 한다. 중도라는 것이 중간쯤이라는 의미는 아니다. 1992년 미국 클린턴이 내세운 트라이앵글레

이션(Triangulation) 전략이 있는데 이는 상대 당이 비교 우위에 있는 세금, 안보, 재정정책을 과감하게 수용하는 것이다.

한국사회에서 중도정치의 성공사례는 있다. 정조대왕의 탕평책이 있었고, 이승만과 조봉암의 연합으로 농지개혁을 했다. 이 두 가지 정책적 연합은 새로운 시대를 보면서 철학과 역사를 제시한 성공사례다. 중도정치는 역사의 변증법과 같아서 국가발전을 위해 반드시 숙의해야 할 정치적 과제다.

종교의 미래

오늘날 이른바 산업화된 나라들의 종교계에서 볼 수 있는 가장 뚜렷한 현상은 '탈종교화'라 할 수 있다. 덴마크, 스웨덴, 노르웨이, 스칸디나비아 제국은 실질적으로 '신 없는 사회(Society Without God)'다.

미국에서마저도 종교 인구가 급격히 줄고 있다. 조쉬 맥도웰(Josh McDowell)이라는 어느 보수파 기독교 목회자에 의하면 미국에서 고등학교 졸업생 중 69~94%가 졸업과 동시에 교회도 졸업한다고 한다.

미국 성공회 주교였던 스퐁(John Shelby Spong) 신부는 이런 현상을 빗대어 미국에서 가장 큰 동창회는 바로 '교회 졸업 동창회(The Church Alumn: Association)'라고 했다. 물론 한국도 예외가 아니어서 2005년도 무종교인 수가 47%, 2015년에는 50%였다가 2021년에는 60%로 증가했다. 특히 젊은 층과 교육 수준이 높은 층에서 높은 탈종교화를 보이고 있다.

왜 이런 탈종교화 현상이 보편화 되었을까. 여러 가지 이유가 있겠지만 가장 중요한 이유는 재래종교가 옛날의 패러다임에 입각한 세계관을 그대로 유지하고 있기 때문이라고 할 수 있다. 예를 들어, 잘 믿으면 죽어서 천당이나 극락에 가고 잘못하면 지옥에 떨어진다는 가르침 같은 것은 현대인이 받아들이기 힘든 주장이라는 것이다.

티베트 불교지도자 달라이 라마도 최근에 낸 『종교를 넘어』에서 극락이나 지옥 같은 가르침은 더 이상 설득력이 없어 '넘어야 할 대상'이라고 했다.

미국에서 사랑받던 신학자 마커스 보그(Marcus J. Borg)도 『기독교의 심장』이라는 책에서 지금까지의 기독교가 '천당, 지옥 기독교'라면 현재 새롭게 대두되고 있는 기독교는 '변화(Transformation)를 중심으로 하는 종교'로 변해야 한다고 했다. 신이 인류의 역사나 개인사 하나하나를 관장한다는 '관여하는 신' 사상도 더 이상 믿기 힘들고 그런 신에게 빌어서 복을 받거나 세계나 개인이 당면한 문제를 해결하겠다는 생각도 이제 많은 사람들에게 의미 없는 것이 되고 말았다.

남존여비 사상이라든가 '자기 종교만 진리 종교요, 이웃 종교는 거짓'이라는 배타성도 한몫하는 셈이다.

옛날에는 무슨 문제라도 생기면 찾아갈 곳이 교회나 절 같은 종교기관밖에 없었다. 그러나 이제는 돈이 없으면 은행에 가고, 아프면 병원에 가고, 억울한 일을 당하면 경찰서나 법원에 가고, 고민거리가 있으면 상담사에게 가고, 긴장을 풀 일이 있으면 여가산업이 제공하는 편의시설을 찾는다. 자연히 종교와 관계없는 삶을 살게 되기 시작한 것이다.

사실 1945년 나치에 의해 사형당한 독일의 신학자 본회퍼(Dietrich Bonhoeffer)는 70여 년 전에 이미 이 시대는 인간이 자율적 행동을 할 수 있기에 더 이상 종교를 필요로 하지 않는 '성숙한 시대, 무종교의 시대'라고 주장했다.

그렇다고 종교나 필요 없다는 것인가.

단도직입적으로 표현하면 종교는 절대적으로 필요하다. 어느 인류학자의 진단에 의하면 인간은 어쩔 수 없는 '종교적 인간(Homo religiosus)'이다. 다만 현대를 살아가는 지성인으로서는 도저히 받아들이기 곤란한 교설이나 예식을 강요하는 종교, 심지어 미신에 가까운 종교는 어쩔 수 없이 쇠퇴할 수밖에 없다.

그에 반비례해 사람들에게 삶의 의미를 주고 소외감에서 벗어나게 하는 종교, 즐거움과 감동과 시원함과 해방을 주는 영성적인 종교, 이런 종교를 희구하는 열망은 더욱 커질 것인가. 그 주체적인 얘기 '나는 종교적이 아니라 영성적이다. (I am not religious but spiritual), 혹은 짧게 줄여서 SBNR(Spiritual but not religious)' 라는 구호가 서양 젊은이 가운데 퍼지고 있다.

그러면 주목을 받고 대두되는 종교는 어떤 종류일까. 종교는 표층 신앙과 심층 신앙으로 나눌 때 '표층 신앙'은 점점 그 힘을 잃어가는 반면 '심층 신앙'은 새롭게 두각을 나타낼 것이다. 종교가 살아남기 위해서는 표층에서 심층으로 심화해야 한다. 이는 종교적 환골탈태다.

그러면 표층 신앙은 어떤 것인가.

첫째, 탐진치(貪瞋痴; 욕심, 노여움, 어리석음)로 찌든 지금의 이기적인 나는 본래적인 내가 아니기에 자기 부인(否認), 무아(無我), 멸사(滅私)를 강조하는 본래의 나, 참나를 찾으려는 종교다.

둘째, 심층 종교는 무조건적인 믿음을 강조하는 대신 이해와 깨달음을 중요시한다. 깊은 명상이나 내관을 통해 지금 나를 얽매고 있는 선입견이나 고정관념을 버리고 새로운 차원의 실상에 눈뜨라고 가르친다.

셋째, 심층 종교에서는 신을 밖에서만 찾는 대신 주로 내 속에도 있다고 가르친다. 전통적인 용어를 빌리면 내 속에 신성(神性), 불성(佛性), 인성(人性)이 있다는 것. 현대적 용어를 쓰면 내가 내 속에 잠재력으로 가지고 있는 우주의 근원적 생명력이 움틀거린다는 사실에 눈뜨라는 뜻이다.

넷째, 심층 종교는 경전을 문자 그대로 믿는 문자주의를 멀리하고 문자 너머에 있는 더 큰 뜻, 그 속내를 찾으라고 가르친다. 달을 가리키는 손가락에 집중하지 말고 손가락이 가리키는 달을 보라는 것이다,

다섯째, 심층 종교는 인간의 지성에 한계가 있음을 인정하고 서로 다른 생각들과 해석들에 대해 배타적인 태도 대신 대화를 통해 서로 배우려는 태도를 지닌다.

여섯째, 심층 신앙은 내세만 생각하는 대신 환경문제. 성차별, 인종차별, 인권 문제, 성소수자 문제 등 현실 문제에 관심을 가지고 이를 개선하려고 노력한다.

미국의 종교 사회학자 필 주커먼(Phil Zuckerman)은 『종교 없는 삶(life without religion)』이라는 저서에서 종래까지의 표피적 종교에서 벗어나 땅을 뚫고 나오는 연약한 새싹에서부터 광대무변의 우주의 움직임에 이르기까지 우리가 주위에서 경험하는 모든 현상에 대해 신기함에 놀라워하고 외경(awe)의 마음을 가지므로 즐겁고 밝고 올바른 삶을 사는 것이 21세기에 바람직한 '종교 없는 삶'이라고 이야기한다. 이런 외경의 태도, 이른바 외경주의(Aweism)를 받아들이는 것이 삶을 더욱 심화시키고 보편화시키는 것이다.

미래의 종교에서 가장 핵심적인 것은 만사가 서로 연결되어 있고 서로 의존한다는 것. 결국 너와 나, 그리고 우주가 모두 '하나'라는 사실을 강조하는 종교라는 것이다. 거의 모든 심층 종교의 핵심이 바로 이것이다. 신인합일(神人合一)을 강조하는 기독교도, 동체대비(同體大悲)를 가르치는

불교, 특히 상즉상입(相卽相入)을 강조하는 화엄사상도, 만유일체(萬有一體)를 가르치는 신유학도, 시천주(侍天主)와 인내천(人乃天)을 제창하는 동학도, 상대성이론의 아인슈타인도 이를 강조한다.

11세기 종교 신유학자 정호(程顥)는 우리의 욕심 때문에 하나를 잃어버리고 분리의 세계에 살지만 수련을 통해 만물과 혼연일체의 진리를 깨닫는다면 이것이 무한한 기쁨의 원천이라고 했다. 이것이 미래의 종교다.

기도, 과학에 닿다

　인간의 본성에 관한 「반야심경」의 정의는 우리들이 무엇인가를 바라고 기도할 때의 기본 개념의 바탕을 이루는 가장 중요한 사항이다. 즉 우리가 부처님께 기도하면서 바라는 '그 무엇도 이미 당신이 가지고 있다' 라는 뜻이다. 부처님이나 신께 기도하면 부처님이나 신이 인간에게 선물로 주는 것이 아니라 이미 당신 본성 속에 가지고 있던 '어떤 것' 이 당신의 노력으로 현실사회에서 모습을 드러낸다는 것이다.

　그렇기 때문에 우리들이 살고 있는 환경과 조건들, 육체적인 조건까지 포함한 그 모두는 그런 생각으로 짜 만들어진 직물이다. 실로 짠 비단이나 천이 아니고 마음으로 짠 직물이다. 마음이 평화롭고 아름답고 조화로울 때 그 마음으로 짠 모시나 베가 곱게 생겨나듯이 우리에게 평화가 오고 번영이 오고 이웃이 다정해지는 환경이 나타나는 것이다.

　하지만 거친 실로 짜서 거칠어지면 결국 마음이 어지러운 것과 마찬가지로 장애나 고난, 대립, 투쟁, 파괴 같은 불행들이 나타나게 되는 것이다. 이 모두가 근본은 그렇지 않지만 낮은 차원에서 우리가 경계에 매달려서 마음을 일으키고 생각을 일으키고 행을 일으키는 데서 일어나는 마음이 짜낸 직물이라는 점을 생각한다면 마음에 따라서 천 가지, 만 가지로 벌어지는 것을 알 수 있다.

양자(量子)역학으로 증명되는 공(空)의 의미. 공(空; void, nothingness, emptiness)이란 말은 영어로는 여러 표현이 있다. 이 단어들을 정리해서 말하면 공이란 '물질적으로 아무것도 없는 무이지만 잠재적으로 모든 가능성이 존재하는 어떤 것이고, 최초이며, 절대적이다'라는 뜻이 될 것이다.

그런데 이런 공사상과 같은 이론을 물리학이 발견했다. 1922년 닐스 보어가 '원자연구'로 노벨물리학상을 수상했고, 2022년 노벨물리학상은 '양자 얽힘에 관한 연구'로 3인의 과학자가 공동 수상했다.

이들 양자장(quantum field)의 발견은 장(field)이 텅 빈 상태로 있고, '텅 비어있는 곳도 실제로는 텅 비어있지 않고, 그 공간은 미묘하고 엄청나게 강한 에너지로 가득 차 있다. 그 이름이 양자장 혹은 통합장이며 이 양자장은 물질세계를 형성하는 모든 가능성을 가지고 있다. 그런데 양자장을 물질화시키는 열쇠가 인간의 의식이다'라는 이론이다.

이 양자장의 발견과 양자 얽힘이 인간의 의식에 따라서 물질세계를 이룬다는 것은 불교의 공사상에서 '삼라만상은 공의 현현(顯現)이고, 일체를 이루는 당체가 인간의 의식(=마음)이다'라는 불교 사상과 흡사하다. 즉 양자물리학은 공사상과 유식사상을 과학적으로 증명하는 이론이라는 생각이 든다. 여기서 기술의 구조와 성취방법과 관련해 잊지 말아야 할 것은 '인간의 의식이 현실 세계를 현현하고 우주를 창조한다'는 사실이다.

우리가 끊임없이 생각하고 있는 것, 믿는 것은 현 세계에 이루게 하는 힘을 가지고 있다. 생각하고 상상하고 있는 것이 이루어지도록 기도하고 있는 것과 같다. 그러므로 우리 마음에는 잠시라도 불행, 재난, 병고 등 진리에 없는 것을 마음에 두지 말아야 한다. 밝고 원만하고 염불하고 염송하는 것이 기도이고 자기 삶을 잘 가꾸어가는 불자의 자세이다.

 진리를 생각할 때 평화가 나타나고 고난을 생각할 때 불행이 나타나는 것이다. 여기에서 중요한 것은 기도의 대상이 구체적이어야 하고 이루어졌다는 느낌이 올 때까지 기도해야 한다. 중요한 것은 느낌이다. 양자장을 물질화시키는 당체가 인간의 의식이다. 마음에 느껴질 때까지 이루는 것이다. 계속하는 것이다.

좋은 사람, 나쁜 사람, 결국 이긴 자일 뿐

동방의 페르시아 왕국이 그리스를 침략하자 아테네와 스파르타는 협력하여 방어에 성공했다. 그리스의 패권을 놓고 경쟁하며 갈등하더니 결국 전면전을 벌였다. 기원전 431년 전에 시작된 펠로폰네소스전쟁인 것이다.

기원전 416년 전 그리스는 스파르타 동쪽에 있는 멜로스 섬을 공격했다. 멜로스는 중립을 선언했지만 아테네는 군대를 몰고 멜로스 섬으로 들어와 속국이 되라고 협박했다. 멜로스인들은 힘으로 겁박하는 것은 정의롭지 못하다고 항변했다.

그러나 아테네인은 이렇게 말한다. "인간관계에서 정의는 힘이 대등할 때 통하는 것이다. 강자가 할 수 있는 일을 추진하면 약자는 그에 순응해야 한다." 아테네인들은 "강자가 약자를 지배하는 것이 자연의 순리이며 신의 뜻"이라고 소리 질렀다.

투키디데스의 『펠로폰네소스 전쟁사』에 기록된 '멜로스의 대화'는 플라톤의 『국가』에서 '정의는 강자의 이익'이라고 메아리치고 있다. 그것은 옛날이나 지금이나 똑같은 의미를 가진다. 트리시아코스는 정의는 모두를 위한 것이 아니라 강자의 이익을 위한 수단과 명분인 것이다. 그런 세상에서 손해를 보지 않고 이익을 지키려면 강자가 되어야만 한다.

그러나 누구나 강자가 될 수 없고 어쩔 수 없이 약자가 될 수밖에 없는 상황이라면 어떻게 살아가야 하는가. 굴욕스럽고 억울하겠지만 강자의 논리에 순응하면서 일단 생존을 지켜야 하는 것에 만족해야 하는가.

아테네인들은 말한다. "멜로스인들이여, 여러분은 대등한 상대와 싸우는 것이 아니라 약한 그대들은 사느냐 죽느냐의 문제인 것이다. 따라서 생존을 위해 압도적으로 강한 자에게 저항해서는 안 된다." 그러나 멜로스인들은 "우리가 살아온 700년 동안 이 도시의 자유를 뺏기지는 않을 것이다"며 끝까지 저항했다.

그 결과는 참혹했다. 아테네인은 멜로스의 성인 남자를 다 죽였고 여자와 아이들을 노예로 만들었다. 텅 빈 멜로스에 아테네 사람 500명이 이주해 식민지를 만들었다. 이 상황에 비추어 이 세상은 국제적으로나 국내적으로 여전히 살아있는 교훈은 누가 더 옳은가의 문제보다 누가 더 힘이 센가에 정의가 규정되고 있다.

기원전 404년 영원할 것 같았던 아테네는 스파르타 앞에서 무참하게 무너졌다. 아테네의 몰락은 정의가 살아있기 때문인가, 아니면 그들이 주장한 힘의 논리에 따른 것인가, 다시 한번 되새겨보게 하는 대목이다.

'잘 사는 삶' 과 '잘 죽는 죽음' 은 같다

'잘 사는 것(well-being)' 과 '잘 죽는 것(well-dying)' 에 대한 관심이 고조되고 있다. 산다는 것과 죽는다는 것은 무엇이며 이들의 관계는 어떠한 것인가. 삶이 없는데 죽음이 있을 수 없으며, 죽음이 없는 삶이 어찌 가능한 것인가.

그렇다면 생과 사의 관계는 어떻게 인식되어야 하는가. 생과 사의 관계 인식에 있어서 이원론적 관점을 취하면 생과 사는 별개의 것이 되고, 반면에 일원론적 관점을 취하면 생과 사는 분리될 수 없는 하나의 입장(불이; 不二)에서 이해할 수 있다.

삶과 죽음을 별개로 존재하는가, 아니면 결코 분리될 수 없는 상관관계로 존재하는가. 잘 죽는 것에 대한 관심 없이 잘 사는 것에만 집착했을 때 우리에게 죽음은 항상 두려움과 공포로 다가온다. 그래서 잘 살고자 한다면 잘 죽는 것에 관심을 가져야 하고, 잘 죽으려면 잘 사는 것이 무엇인지 알아야 한다.

웰빙에 대한 관심에 비례하여 죽음에 대한 성찰이 요구된다. 죽음이란 무엇인가에 대한 물음에 적절하게 답하려면 최첨단의 과학적 지식을 다 동원하여도 죽음에 대한 단편적인 이해에 그칠 뿐이다. 그렇다면 죽음의 본질과 개념을 어떻게 이해하고 규명할 것인가.

인간의 죽음에 대한 이해는 결국 인간의 이해와 맥을 함께한다. 죽음의 현상을 바라보는 다양한 관점에도 불구하고 우리는 여전히 하나의 보편적인 죽음의 본질과 개념 규정에는 이르지 못하고 있다. 따라서 인간의 죽음에 대한 본질과 개념이 하나의 보편적인 현상으로서 죽음의 본질을 규명하는 개념형성이 요구된다.

주역에서는 이 세계에 존재하는 일체만물과 개념들은 상대가 되는 짝과 동시에 상호 전제를 통해 존재한다. '주역'은 대대(待對)원리를 음양대대의 대비를 통해 보여준다. 음효(--)와 양효(—)의 변화하는 결합관계로 이루어진 64괘에서도 건괘(乾卦)와 곤괘(坤卦), 태괘(泰卦)와 부괘(否卦), 손괘(損卦)와 익괘(益卦), 기제괘(旣濟卦)와 미제괘(未濟卦) 등이 대대관계를 구성하고 있다.

그리고 음양, 천지, 강유, 남녀, 존비, 고저 등의 개념대비를 통한 대대관계를 보여주고 있다. 같은 논리로 흩어짐이 있고(散), 오는 것이 있어(來), 가는 것이 있으며(往), 삶(生)이 있기 때문에 죽음(死)이 있다. 결국 생과 사의 문제 또한 상호 상대를 통해 존재할 수 있다는 점에서 대대의 관계를 확인할 수 있다.

대대(待對), 동시성(同時性)의 인식대대는 두 개가 서로 대립 분리된 '상대'를 지칭하는 것이 아니라 항상 동시적으로 존재하는 하나의 상황을 나타낸다. 대대는 그 자체로써 스스로 존재할 수 없기에 무엇에 처하여 존재할 수밖에 없다는 뜻에서 상대적이다. 음양, 선악, 미추, 고저 등은 어느 한쪽만이 스스로 홀로 존재할 수 없다.

왜냐하면, 그것이 존재할 수 있는 근거나 기준이 없기 때문이다. 그것이 존재하려면 이에 처하는 어떤 것이 함께해야만 한다. 이런 의미에서 모든 현존재적인 삶은 그 상대적 의미인 죽음을 상호 전제할 수밖에 없다.

그렇다면 어떻게 살아야 가치 있는 삶일까.

첫째, 주어진 삶에 소극적으로 순응하거나 또는 삶의 욕구만을 추구하며 집착 속에 살다가 어느 날 갑자기 일방적으로 당하는 죽음을 맞이할 것인가, 아니면 삶과 죽음은 분리할 수 없는 것이므로 구체적으로 준비된 죽음을 맞이할 것인가.

둘째, 대대적 관점에서 생과 사란 어느 한쪽만 존재할 수 없는 불이(不二)의 관계이다. 생사 대대의 관계는 결국 삶의 문제에 죽음의 문제가 어떤 방식으로든지 영향을 끼치고 현재의 삶은 죽음에 영향을 준다는 의미이다. 따라서 잘 산다는 것은 잘 죽는다는 의미이며, 잘 죽는다는 것은 잘 살았음을 의미한다.

셋째, 대대 상함성의 원리이다. 당하는 죽음과 맞이하는 죽음은 인간의 삶의 방식에 큰 차이가 있다. 준비한 죽음과 준비하지 않은 죽음은 분명한 차이가 있다. 결국 웰빙(well-being)과 웰다잉(well-dying)은 별개의 것이 아니라 하나인 것이다.

넷째, 변혁 즉 유행의 원리이다. 인간은 존재론적 인식을 통해 어떤 것에도 집착없이 끊임없이 변화하는 현실을 시간적 흐름에 따라 적절하게 변화하는 예감을 수용하며, 더불어 서로 배려하며 깊이 성찰하는 공동체이다. 생과 사는 서로를 품고 함께 존재하며 현현하는 또 하나의 모습이다.

삶은 죽음이 있으며, 죽음이 없다면 삶도 없기 때문에 잘 살기 위해서는 반드시 잘 죽을 수 있어야 하고, 잘 죽으려면 잘 살아야 한다.

여행과 작곡가

클래식 작곡가들은 유독 여행을 사랑했다.

6세 때 전 유럽을 누비며 10여 년간 연주여행을 다닌 모차르트, 그 찬란하고 유쾌한 심상이 흐르는 작품들은 대부분 여행지에서의 감상 열매다.

베토벤의 유명한 '월광소나타(Piano sonota NO.14 Moonlight)' 도 헝가리 브룬스빅을 여행하던 중 영감을 받아 작곡했다.

드뷔시가 청년시절 이탈리아 베레가모 지방을 여행하던 중 그곳의 정취에 영감을 받아 작곡한 것이 '달빛(Claire de lune)' 이다.

1877년 37세 표트르 일리티 차이콥스키(1840~1893)는 어느 날 음악원(모스크바) 교수 시절에 제자(9세 연하) 빌류코바가 사랑을 고백해 왔다. 당장 결혼해 주지 않으면 자살하겠다고 협박했다. 1877년 결혼식을 올렸으나 순탄하지 않았고, 2달도 채 되지 않아 차이콥스키는 스트레스로 투신자살을 시도했으나 실패한다. 스트레스에 시달리던 그는 유럽여행을 결심한다.

1878년 스위스 제네바 호수 근처의 클라란스 리조트에 머물며 기력을 회복하고 있었다. 사실 차이콥스키는 동성애자였다. 결혼은 위장이었을 것이다. 리조트에서 차이콥스키는 4대 바이올린 협주곡으로 칭송받는 차이콥스키 바이올린 협주곡 D장조를 작곡한다.

2부

흥망성쇠의 역사에서 무엇을 배울 것인가

프로크루스테스의 침대

그리스 신화에 '프로크루스테스'라는 악독한 강도가 나온다. 그리스 아티카의 강도였던 그는 아테네 교외 언덕에 살면서 강도행각을 했다. 그는 지나가는 무고한 행인을 붙잡아 자신의 집에 있는 철로 만든 침대에 눕혔다. 키가 침대보다 크면 그만큼 잘라내어 길이를 맞추고 키가 침대보다 작으면 힘을 가해 늘려 맞추었다. 어쨌든 행인은 그 고통으로 죽기 마련이었다.

그런데 그의 침대에는 침대 길이를 조절하는 장치가 있어 그 어느 누구도 침대에 키가 딱 들어맞을 수가 없었다. 명백한 사실은 프로크루스테스는 이미 무고한 행인을 살려둘 생각이 없었다는 것이다. 프로크루스테스 침대라는 말은 다른 사람의 생각을 억지로 자신의 기준에 맞추려고 하는 횡포나 독단, 독설과 아집을 의미한다.

모든 이들은 누구나 자신만의 '쇠침대'를 가지고 있으면서 그것을 합리적 기준이라고 한다. 우리 사회에는 이러한 프로크루스테스들이 너무나 많다. 자기만의 틀을 만들어 놓고 다른 사람들의 자유와 다양성을 무시하는 프로크루스테스들이 활개를 치고 있다.

 이러한 사람들의 영역은 첫째, 선거로 선출된 정치인이다. 대표적으로 대통령, 시장, 도지사, 국회의원 등이다. 그들은 여야를 막론하고 자신만의 쇠침대를 양보할 생각이 없다. 둘째, 사법 권력을 가진 법원이나 검찰, 경찰 그리고 행정부 관료들도 국민의 봉사자를 자처하면서도 국민을 상대로 쇠침대를 들이댄다. 셋째, 교육계, 노동계, 언론방송계도 마찬가지다. 교수사회의 경우에도 프로크루스테스들이 많다.

 대통령, 정부, 국회의원은 국가의 경쟁력을 높이고 국민의 삶의 질 향상과 국가의 지속적인 발전을 위해 각계각층의 국민들이 광범위하게 참여하는 '민의의 플랫폼'을 구축하고 개혁 방안과 시행을 통해 담대한 논의와 타협을 해야 한다. 조직 내에 프로크루스테스들이 개혁을, 대장정을 방해할 수 없도록 주의를 기울여야 한다.

 그리고 군주민수(君舟民水)를 다시 떠올리기를 권한다. 이것을 '백성은 강물이여 임금은 강물 위에 떠 있는 배' 이므로 언제든지 강물이 배를 뒤집을 수도 있다는 것이다. 이는 헌법상 주권은 국민에게 있다는 뜻의 주권재민(主權在民)을 의미한다.

 그래서 위정자들은 '숲이 우거지면 새가 날아든다' 는 포용과 상생의 철학을 반드시 명심해야 한다. 서로 협력하고 상생하는 나무들처럼 소통과 협력, 대화와 타협에 영혼을 담을 노력을 해야 한다.

흥망성쇠의 역사에서 무엇을 배울 것인가

　중국은 기원전 7세기경부터 북방 민족의 침입을 막기 위해 성을 쌓았다. 진시황제 때에 이르러 흉노족의 남하를 저지하기 위해 부분적으로 축성된 성곽을 이어 만리장성을 만들었다. 북제에 이르러 다소 안쪽으로 이동해 새로 쌓았고 명나라 때 성을 아주 견고하게 보수해 2,700km에 이르는 만리장성이 완성되었다.

　중국 대륙을 주기적으로 괴롭히고 침공한 민족은 몽골족과 그의 선조 부족들이다. 흉노, 돌궐, 선비, 몽골, 여진, 만주 등의 부족들이 일정한 세력을 키우면 남하하여 중국 변방으로 몰려들었다. 그들은 서쪽으로 현재의 튀르키예까지 진출하면서 중앙아시아의 여러 부족들과 함께 세력을 넓혔다. 그 중심에는 몽골계 부족이 있다.

　기원전 6000년 때에 몽골고원은 매우 살기 좋은 땅이었다. 설산에서 내려오는 풍부한 물과 목초지, 아름다운 숲은 많은 부족들이 융성할 수 있는 터전이 되었다. 그리고 26개 도시국가가 융성했던 타림분지도 한때는 행복한 낙원이었다.

그러나 기후 환경이 바뀌고 사막화가 진행되면서 토지는 척박해지고 거주환경은 날로 어려워졌다. 그들이 선택할 수 있는 길은 실크로드를 따라 돈황을 거쳐 살기 좋은 남쪽으로 이동하는 길이었다. 제일 먼저 흉노족이 고비사막을 넘어 장성을 격파하고 중국 북부에 거점을 확보하였다. 그러나 남북으로 분열되면서 흉노는 한나라에 패퇴하고 멸망하였다.

  북흉노는 몽골고원조차 지키지 못하고 아랄해, 카스피해, 그리고 흑해까지 쫓겨났다. 이 과정에서 훈족 전설이 생겼다. 이어 선비족이 세력을 넓혀 낙양까지 진출하여 중국의 위진 남북조 시대를 열었는데 중국에 동화되면서 수나라와 당나라에 복속되었다.

  552년 돌궐이라는 강력한 국가가 등장하여 몽골고원부터 튀르키에 지역까지 북방대륙을 건설하였다. 그러나 동서로 분열되고 150여 년 만에 동돌궐이 당에 복속되면서 사라졌다. 몽골고원의 돌궐이 제2의 제국을 꿈꿨으나 내분으로 20년 만에 소멸했다. 그리고 거란족의 요나라, 여진족의 금나라가 북방의 패권을 잡았지만 차례로 소멸하면서 몽골 할하부족의 칭기즈칸이 몽골제국을 건설하였다. 그의 사후 4개의 한국으로 분열하고 쿠빌라의 칸이 대원제국을 만들면서 시대를 열었다.

  북방 민족이 중국 내륙의 경영에 실패한 이유는 내부 분열, 부패 변화에 대한 대응능력의 부재였다. 몽골의 한 부족이었던 만주족이 세운 청나라도 결국 280년 만에 소멸하였다. 동시에 당, 송, 명을 포함해 중국 대륙을 지배하던 모든 왕조들이 망하는 공통적 현상은 권력층의 분열과 부패, 무능이었다. 동서 키르기스스탄, 내외 몽골 그리고 남북한 모두 분열된 상태에서 중국에 흡수되는 분단된 상태로 살아가고 있다.

인류의 흥망성쇠는 기후가 결정한다

사실 인류는 선사시대의 기후변화, 정확히 빙하기와 간빙기의 주기적인 교대가 때맞춰 일어난 덕분에 아프리카 남부를 벗어나 전 세계로 퍼져 갈 수 있었다.

그리고 1만여 년 전 마지막 빙하기가 끝나고 그러한 기후변화로 인해 경작할 수 있는 식물과 사육할 수 있는 동물이 대거 등장한 덕분에 인류는 지구상에 등장한 지 무려 19만 년이나 지난 시점에서야 비로소 문명이 싹을 틔울 수 있었다.

인간이 만물의 영장이라지만 20만 년이 넘도록 이어진 기후변화 그리고 마지막 빙하기의 종식이 가져온 지구 환경의 변화가 없었다면 인류는 지금까지도 아프리카 남부에만 서식하는 머리 좋은, 그리고 도구를 쓸 줄 아는 야생동물에 지나지 않았을 것이다.

문명이 태동한 뒤의 역사 역시 기후와 불가분의 관계를 지닌다. 고대 미노스 문명은 지중해 동부를 잇는 교통의 요지 크레타섬에 입지한 덕분에 천년이 넘도록 번성했다. 그러나 하필이면 기후에 유달리 취약한 덕분에 결국 몰락한 뒤 문명의 중심지를 그리스 본토로 이전했다.

로마, 한(漢), 몽골제국, 명(明) 등과 같은 인류 역사에 큰 획을 그은 대제국의 흥망성쇠 그리고 신대륙으로의 이주나 프랑스 혁명과 같은 인류사의 방향을 크게 바꿔 놓은 대사건 역시 기후변화에 결정적 영향을 받았다. 요컨대 기후는 인류문명을 태동케 하고 역사와 사회를 이끌어 온 상수였던 셈이다. 이러한 점에서 인류의 역사를 올바르게 이해하려면 기후라는 시각에서 역사를 접근할 필요가 있다.

그런데 오늘날의 기후변화는 근대 이전의 기후변화와는 성격이 전혀 다르다. 인간이 배출한 각종 온실가스로 인해 기후변화의 속도와 폭이 전근대와는 비교할 수 없을 정도로 빨라지고 커졌기 때문이다. 사실 인류는 문명을 이룩한 이래 산업혁명 직전이었던 18세기 말까지 불을 사용하고 논밭을 가꾸면서 자꾸 평균 기온을 0.8도 정도 올려왔다.

하지만 이렇게 지구의 평균 기온이 0.8도 올라가는 데 걸리는 시간은 짧게 잡아도 수천 년에서 길게 잡으면 1만 년이 넘었다. 그동안 지구는 기온이 계속해서 변해 왔는데 평균 기온이 불과 1도만 오르거나 내려도 위대한 문명과 대제국의 운명이 달라질 정도였다.

산업혁명 이후 20세기 후반까지 인류는 지구 평균 기온을 0.6도나 올렸다. 산업화 이전이라는 수천 년에 걸쳐 일어난 변화가 고작 2백 년만에 일어난 것이다.

더욱 암울한 사실은 오늘날 세계 각국이 파리 기후 협약에서 결정한 온실가스 감축 기준을 충실히 따른다 할지라도 21세기 말이 되면 지구 평균 기온이 최소 1.5~2도는 상승하리라고 예측한다는 점이다. 전근대 같으면 있을 수도 없었고 감당하기도 극히 어려웠을 우리는 기후가 인류문명과 역사에 어떤 영향을 미쳐 왔는가를 제대로 이해하고 이를 바탕으로 기후 위기 시대에 인류가 나아가야 할 방향을 모색해야 한다.

기후변화는 역사적으로 나라의 흥망성쇠를 결정짓는 변수가 되었다. 칭기즈칸, 명나라, 바이킹에 이르기까지 동서양 문명사가 기후변화로 뒤바뀌었다.

13세기 초 동서양에 걸친 대제국을 건설한 칭기즈칸의 경우 기후 덕분에 유라시아를 지배했던 대표적인 기후 전사(Climate Warrior)이다. 이 무렵은 혹독한 추위가 특징인 초원 기후의 중앙아시아가 1000여 년에 걸쳐 온화하고 습윤한 기후였다. 이 유리한 조건에서 몽골이 정치적, 군사적 영향력을 행사하는 데 최적의 조건을 제공했다. 목초 생산량과 말을 포함한 가축 수의 증가를 가져왔다.

바이킹은 기후변화로 흥망을 겪었다. 10~11세기 온화한 날씨 때에는 바이킹들이 그린란드에 정착했다. 따뜻한 날씨에서 시작된 바이킹의 모험은 날씨가 추워지면서 위험에 처했다. 그린란드 남부가 400년 뒤인 15세기 중반 추워짐에 따라 수확량이 감소했다. 바다가 얼면서 유럽으로부터의 식량 공급이 단절되었다. 그럼에도 그린란드에 정착한 바이킹은 따뜻한 날씨에 적합한 닭 사육과 곡식 재배를 고수했고, 그 결과 충분히 먹지 못해 175cm에서 152cm로 키도 줄어들었다.

중국의 명나라는 1630년대 가뭄으로 쇠락하기 시작하여 양쯔강 유역은 전염병, 기근, 홍수 등으로 정치적 혼란과 이민족의 침입을 받았다. 또 날씨도 건조하고 추웠다. 숭정제의 명나라는 이 위기에 대한 능력과 의지가 없어 결국 국력의 약화를 초래했다.

몰락의 정치

　기원전 753년 로물루스가 세운 로마는 왕정으로 시작했지만 그 후 공화정(Republie)이 되었다는 것은 국가가 어떤 특정 개인의 것이 아니라 '공공의(Publica) 것(Res)'이며, 따라서 모든 권력과 주권은 시민에게 있음을 약속한 것이다. 공화정 혁명은 정의롭고 아름다웠고, 그 후 로마는 더욱더 힘을 키워나가며 지중해의 패권자가 되었다.
　그런데 로마가 커지자 정치적 야망을 품은 자들이 등장하기 시작했다. 이들이 충돌하면서 로마는 내전 상태가 되었다. 로마의 구원자로 떠오르며 일곱 번이나 집정관에 오른 마리우스, 그와 겨루어 이긴 종신 독재관인 술라, 이들의 행보는 로마 공화정의 위기와 황제의 실루엣이었다. 이 와중에 끼어든 자가 카탈리나였는데 그는 앞의 지도자에 비하면 함량 미달인 인사였다.
　드디어 카이사르가 등장했다. 갈리아 지역을 정복하고 바다 건너 브리타니아섬으로, 라인강을 건너 게르만인들의 영토로 진출하며 군사적 업적을 이루기도 했다. 그 후 그는 불법적으로 쿠데타를 일으켜 성공했고 종신 독재자의 위치에 올라 원로원을 마구 흔들었다.

그때 키케로의 연설을 듣고 있던 마르쿠스 브루투스는 카이사르의 가슴에 칼을 꽂았다. 로마는 카이사르의 것이 아니라 '인민 모두의 것 공공의 것(Res Republica)'임을 선포한 것이다.

셰익스피어는 그때의 브루투스가 이런 말을 했다고 주장했다.

'내가 카이사르를 덜 사랑한 것이 아니라 로마를 더 사랑했던 것이다.'

그러나 로마는 제국이 되었고, 카이사르의 후계자 아우구스투스는 황제가 되었다. 그 후 권력은 1인자에게 집중되었고, 그 절대권력에 아부하는 자들이 파리처럼 꼬이면서 로마의 정치적 구조는 확고해지며 불량해졌다.

현명했던 아우구스투스의 뒤를 이은 황제들은 막대한 권력을 장악했고, 극도의 향락에 빠지고 정적을 무자비하게 척결하며 폭군이 되었다. 로마가 공화정을 버리고 제국이 되면서 절정을 이뤘지만 그 순간 로마는 몰락의 길로 접어들었다.

지금 우리는 키케로의 연설 비판성을 새겨들어야 할 이유가 있다.

복지 포퓰리즘 경쟁과 몰락(그리스)

　국고를 자기 주머니로 여겨 국민에게 인심 쓰는 행태는 가장 저열한 포퓰리즘 정치 수법이며, 유권자 매수 행위다. 청년들에게는 자립 의지를 죽이고, 장래 거지로 키우는 미끼가 된다. 포퓰리즘은 망국의 병이다. 이 병에 걸리면 국민을 다시 회복하기 어렵다. 로마, 아르헨티나와 같은 역사적으로 이 병이 창궐했던 나라들을 보라. 포퓰리즘 정치인들이 얼마나 빨리 나라를 거덜낼 수 있는지를 그리스의 경우를 통해 볼 수 있다.
　1981년 유럽연합(EU) 회원국으로 가입할 당시 그리스는 국가부채가 국내 총생산(GDP)의 25%, 재정적자 3%, 실업률은 2.3%로 유럽의 경제우등국이었다. 그러나 안드레아스 파판드레우 범그리스 사회주의 운동당이 집권하면서 운명은 반전됐다.
　미국 하버드대 경제학 교수이기도 했던 그가 총리 취임 후 처음 한 말도 '국민이 원하는 건 다 주라'였다. 그 후 노동자 임금과 최저임금이 올랐고 무상교육, 무상의료가 전 계층으로 확대됐다. 국민의 퇴직금은 연봉의 95%까지 올라 근로의욕과 직업윤리가 땅에 떨어졌다. 기업은 임금 상승, 해고제한, 각종 조세 부담의 증가로 투자, 고용을 회피해 사라져갔고, 지금은 그리스 GDP의 90% 이상을 관광과 해운업에 의존하고 있다.

  2008년 금융위기 이래 임금은 40%, 연금은 45%, GDP는 25%가 삭감되었다. 그리스 실업률은 25.7%, 청년 실업률은 50.1%에 이르렀다. 그래서 국기 기관은 성을 판다고 하고, 고급 직업여성들은 매춘에 뛰어들고 시민들은 쓰레기통을 뒤지고 있다. 내가 이렇게 거덜나도 국민은 사회당 정권에 열광해 2009년에 안드레이스의 아들 게오르기오스 파판드레우를 집권시켰다.

  포퓰리즘이란 병이 얼마나 무서운 것인가. 포퓰리즘은 정치가의 역할과 권력을 키우기 때문에 정치가들이 혹(惑)하는 것이다. 그러므로 그들을 심판하지 못하는 국민들은 그들의 포로가 될 수밖에 없다.

  국내외 환경이 요동치는 가운데 우리 경제는 온통 적신호 투성이다. 사회적으로는 지역, 이념, 세대 갈등까지 더해지고 있다. 정치가 이런 난제를 해결해야 하지만 그 자체로 전락했다. 사면초가의 형국이다. 대한민국이 나가야 할 방향을 정하고 목표를 향해 주력을 결집할 수 있도록 하는 것이 정치의 본질이다.

  우리는 성장엔진의 두 축인 수출과 제조업 실력이 곤두박질치고 있다. 비효율은 제거하고 껍질은 바꿔야 새 도약의 에너지가 나온다.

일과 가정의 양립에 확신 들 때 아이 낳는다

일과 가정이 양립할 수 있다는 확신이 생길 때 사람들은 아이를 낳는다. 이 같은 측면에서 스웨덴, 아이슬란드, 덴마크 등 북유럽 국가들은 좋은 성과를 냈다.

북유럽 국가의 많은 커플이 아이를 낳은 후 결혼한다. 핵심은 결혼 여부가 아니라 남녀 모두가 결혼 시장에서 자리를 잡고 아이를 가지면서도 자신의 직업적 가치를 추구한다. 스웨덴 1.66명, 아이슬란드 1.72명, 덴마크 1.67명(2020년 기준)으로 OECD 평균 1.59명을 웃돌고 있다.

사실 출산율 감소는 세계적인 추세다. 출산율 추이는 경제적 안정성, 사회적, 환경적 위협 요인, 사회적 분위기, 고용기회, 정부 지원, 주거와 교육비용 등 많은 요인에 따라 결정된다. 정부 지원은 여러 요인 중 한 가지 요소에 불과하다. 다양한 가족 정책이 아동 성장기 내내 지속적으로 뒷받침될 때 현금성 지원은 정책적 효과를 발휘할 수 있다.

현금 혜택을 늘렸지만 일시적인 효과에 그친 나라는 스페인과 스위스다. 두 나라의 합계 출산율이 각각 1.36명, 1.46명으로 OECD 평균 이하다. OECD에 따르면 이들 나라는 한국과 더불어 출산연령이 32세 이상으로 높은 편이다.

프랑스의 가족 정책에는 육아휴직, 양육수당, 보육 보조, 부모의 노동시장 참여 독려 등 종합적으로 담겨 있다. 포괄적인 가족 정책을 시행한 결과 프랑스는 2019년 가족수당에 대한 지출이 국내총생산(GDP)의 3.44%로 OECD에서 가장 많았다.

한국 저출산의 주된 요인으로는 장시간 노동과 높은 사교육비, 육아 휴직을 쓰기 힘든 사회적 분위기다. 한국에서 만연한 장시간 근로하는 것은 일과 가정의 양립을 어렵게 만들고 있다. 또 여성 고용률이 OECD 평균 이하로 떨어지는 데 한몫했다. 한국의 여성 고용률은 OECD 평균치인 58.9%보다 훨씬 떨어진다.

또 한국은 노동시장에서 정규직과 비정규직이라는 이분법이 존재한다. 이분화된 노동시장은 경력단절 여성들이 정규직으로 복귀하는 것을 힘들게 만든다. OECD에 따르면 한국의 성별 임금 격차는 31.1%로 39개국 중 가장 컸다. 남성이 100만 원 받을 때 여성은 69만 원 받는 셈이다. 미국이 16.9%, 독일 14.2%로 한국이 약 두 배 수준이다.

노동시장의 이분법적 구조는 정규직에 대한 치열한 경쟁을 촉발한다. 젊은 세대들이 경력을 쌓는 것이 어렵다고 생각되기 때문에 결혼을 망설인다.

한국은 안정적이고 소득이 높은 직업으로 직결되는 입시경쟁이 초등학생 때부터 시작된다. 사교육비가 적게 들고, 스트레스 덜 받고, 공부 시간을 덜 쓰는 것이 행복을 향상시키는 비결이라는 것이다. 공교육의 질을 높여 사교육의 수요를 해소시켜야 저출산이 해결된다.

가족 정책을 시행하면서 사회적 공감대를 형성한 것이 출산율을 견인

했다. 성공한 국가로는 프랑스와 스웨덴이다. 프랑스는 합계 출산율이 2.79명으로 OECD 국가 중 가장 높았다. 그들은 현금지원 복지 혜택, 보육과 교육지원 등에서 모범적이었다.

시간제 보육제도를 만들었고 배우자 출산 휴가 기간을 2020년 9월부터 14일에서 28일로 늘렸다. 또 모든 아동에겐 유아환영정책(PAJE)을 해서 임신, 출산 지원금을 주고 부모에겐 양육비를 지원하며 직업 활동 보전을 하고 있다. 또 다자녀 가정에는 기본급여와 보충급여가 지원되고 가족수당을 준다. 세금 경감 혜택도 있다.

스웨덴은 남성에게 육아 휴직, 할당제를 도입했다. 480일 육아 휴직 중 90일은 남성만 쓴다. 육아 휴직은 급여의 80%를 지급한다.

독일은 난임 부부에게 재정지원을 한다. 난임 치료비 50%를 준다(브레멘). 남성은 육아 휴직이 2달인데 2달을 더 쓸 수 있다. 또 비혼, 동거, 동성애 부부 등 가족 형태가 다양해지면서 사회적 포용성이 커지고 있다.

프랑스는 시민계약제도(PACS)를 제정하여 비혼 출산율이 41.7%에서 62.2% 높아졌다.

기술은 인간을 이롭게 하는 도구일 뿐

옛날 송나라에 빼어난 조각 기술을 지닌 장인이 있었다. 그는 군주를 위해 3년에 걸쳐 벽옥으로 닥나무잎 하나를 조각했다. 실물과 똑같은 형태인 데다 생기도 머금어서 실제 잎들과 섞어 놓으면 분간이 안 될 정도였다. 군주가 감동해 장인을 크게 우대를 했다. 그런데 이 소식을 들은 한 사람의 학자가 말했다.

'식물에게 3년 만에 잎 하나씩 달리게 하면 잎 달린 나무는 매우 적게 될 것이다.'

열자와 한비자라는 고전에 실린 이야기다. 아무리 뛰어난 기술일지라도 실질적 쓰임으로 이어지지 않으면 무슨 소용이 있겠냐는 지적이다.

하늘이 동물에게 발톱과 뿔을 주고 단단한 발굽과 날카로운 이 독을 주어서 동물들로 하여금 각기 욕구를 채우게 하고 해악을 막을 수 있게 했다. 반면 사람은 털이나 껍질이 없어 연약하고 부서지기 쉬워 삶을 도모해 갈 수 없을 성싶다. 어찌 하늘은 천하게 여기는 것에는 후하게 베풀고 귀하게 여기는 것에는 박하게 했을까. 이는 사람이 슬기로운 헤아림과 정교한 사유를 지니게 함으로써 기예를 익혀 스스로 삶을 도모해 갈 수 있게 했기 때문이다.(정약용, 「기예론」)

기술은 하늘이 인간이란 존재를 만들었을 때 함께 부여해 준 인간의 생존 수단이었다는 통찰이다. 호랑이에게서 발톱과 이빨 등을 빼면 더는 호랑이가 아닌 것처럼 인간에게는 기술을 빼면 인간이 아니게 되는 것이다. 기술은 인간을 인간으로 살 수 있게 해준 핵심이었다.

설령 AI가 인간을 대체하거나 넘어설 수 있다는 진단이 나온다고 해도 AI는 어디까지나 도구로 구현된 기술이다. AI가 아무리 진보해도 인간의 사용을 기다리는 기술일 뿐이다. 진보된 AI가 인력을 대체하기도 하고, 인간을 AI보다 못한 존재로 전락시킨다 해도 AI가 기술이라는 본질은 바뀌지 않는다.

지금까지 기술이 인간다운 삶을 빚어낼 수 있게끔 한 것처럼 AI 또한 인간의 진보를 추동할 수 있는 기술의 하나일 뿐이다. AI의 진보는 멈추지 않을 것이므로 그것을 사용하는 나의 역량도 지속적으로 키워나갈 수밖에 없다. 생성형 AI가 인간을 대체할 것인가를 따져보는 것도 의미가 있지만 이렇듯 인간은 평생학습을 하며 살아가야 하는 시대이다.

한국사회 개혁을 위한 새로운 서사

우리 사회를 이끌어 온 거대한 두 개의 정치 서사가 무너졌다. 산업화 서사와 민주화 서사는 이제 막을 내린 것이다.

이제 새로운 서사를 써야 한다. 사람들은 정치적 정체성을 형성하는 과정부터 논의하고 싶어한다. 보수층은 국가와 자신을 동일시한다. 반공, 극우로 가는 국가주의적 관념이다.

현 집권층은 NL 출신들이라서 민족주의 관념을 가지고 있다. 둘 다 집단주의적 사고의 틀에 막혀 있다. 이는 낡은 사고방식이다. 앞으로 우리가 가져야 하는 건 '시민적 정체성' 일 것이다.

'헌법애국주의(Constitutional Patriotism)' 라고 하버마스가 개념을 준 것을 변형한 것인데 결국 우리 헌법에 동의하는 사람들은 국민이라는 것이다.

어떤 생각을 가졌든, 어떤 계층이든, 피부색이 어떻든 헌법에 대한 충성이다. 이제는 해방된 자유의 의지로써 정치 공동체를 만들자는 것이다.

흔히 리더십은 목표를 달성하기 위해 누군가에게 영향을 미치는 과정으로 묘사되곤 한다. 즉 리더십을 사실한 결과적인 개념은 일반적으로 업무상의 가시적인 성과나 생산성 향상 여부를 통해 리더십의 성패가 결정된다. 그렇지만 리더십을 논할 때는 결과에 대한 평가뿐만 아니라 '사회적 책임 의식에 기반한 가치판단과 능력 실천'이라는 당위적 성격 역시 결코 좌시되지 않아야 한다.

히틀러나 스탈린 같은 독재자가 집권 초기에 경제와 산업의 영역에서 일정 부분 성과를 거둔 것은 사실이지만 궁극적으로는 진정한 리더로 평가받지 못하는 이유다.

특정 조직이나 사회를 이끄는 리더에게 무엇보다 필요한 것은 리더의 스킬이나 테크닉을 의미하는 좁은 의미의 리더십이 아니라 지도자로서의 올바른 마음가짐과 헌신적인 태도이다. 진정한 리더라면 단지 조직의 경영이나 관리 기술뿐만 아니라 공동체 전체의 긍정적인 실행력을 갖추고 있어야 한다.

이러한 의미에서 리더에게 요구되는 정신(Leadership sprit)이란 구성원들이 지금 여기서 가장 필요로 하는바 즉 조직과 사회가 추구해야 할 시대정신을 정확하게 파악하고 이를 새로운 공유 버전으로 형상화한 후 다시 구성원과 더불어 성취할 수 있는 자세와 실천적 역량으로 규정할 수 있다.

진정한 리더의 모습은 공동체가 지향해야 할 비전을 새롭게 발굴해서 공유하며 함께 도달하기 위해 솔선수범하는 자세에서 발전된다는 것이다.

나폴레옹이 '리더는 희망을 파는 상인'이라고 말한 까닭이기도 하다. 그런데 21세기의 리더가 세상에서 꿈과 희망을 파는 모습은 역사 속의 위대하거나 유명했던 리더들의 방식과는 현저히 달라야 한다. 왜 그런가?

현대는 지식과 정보가 가장 중요한 가치로 평가되는 사회인 동시에 민주주의가 제도와 의식 속에서 보편화된 사회이기 때문이다. 이 사실은 한편으로 소수의 지배층만이 아니라 일반인들도 특수한 지식을 기반으로 살아가고 평가받는 세상이 도래했음을 함축한다.

다른 한편 민주사회의 리더는 한 사람의 시민으로서 지배의 의미로 '참여와 봉사'에 더하여 피지배의 의미인 '양보와 타협'을 이해하고 실험할 줄 알아야 한다.

미래의 큰 변화를 예측하고 리더의 역할 역시 확연히 달라져야 함을 역설한 사람은 바로 피터 트리커(1909~2005)다. 그는 21세기의 사회상을 단적으로 성공적인 오케스트라 지휘에 비유하였다. 개별 단원은 최고의 능력을 갖춘 분야별 전문가(지식 노동자)이고, 악보는 한 사회가 지향하는 공유 비전이며, 지휘자는 구성원의 능력을 조화시킬 뿐만 아니라 상상력을 바탕으로 가시적인 목표 이상의 무언가를 산출하는 리더다. 특히 21세기의 리더는 급속한 환경변화에 능동적으로 대응하며 '융합적 지식 노동자'로 활동할 수 있는 지성과 실천력을 충분히 갖추어야 한다.

누군가 오늘은 리더의 역할을 행하더라도 내일은 팔로워의 위치에 설 수 있으며, 그 역도 마찬가지이기 때문이다. 결국 리더라면 이끄는 동시에 섬기는 자세가 내면에 확립돼야 한다는 것이다. 구성원들의 개별 능력을 서로 연결하고 숨을 잠재력까지 끄집어내서 조직의 생산성을 극대화하는 역량도 지속적으로 개발해야 한다.

시대정신을 정립해야 한다

독일 철학자 헤겔은 시대정신(Zeitgeist)을 특정한 시대를 관통하는 이념 또는 염원이라고 했다. 그런 측면에서 우리의 시대정신은 '공정'과 '통합'이 돼야 한다. 공정은 공평하고 올바름을 뜻한다. 그리고 우리 사회의 대립과 갈등을 치유하고 봉합해 국민통합을 이뤄내야 한다.

우리 사회의 분열 중 가장 비난받아야 할 부분은 보수와 진보의 극단적 이념 대립과 사생결단식 대결상태에 있다. 이념은 그 자체가 목적이 아니라 인간의 생존과 행복을 위한 이론이며 수단에 불과하다.

지금 한국의 이념은 정치 세력 간 정권 탈취를 위한 수단일 뿐 일상생활에 쫓기는 일반 국민은 별 관심도 없다. 세계 경제사적 흐름을 보더라도 탐욕적 보수나 (신)자유주의적 자본주의와 보수이론은 이미 역사적 유물이 됐다.

진보그룹의 개혁과 혁신도 국민이 이해하지 못하거나 용인할 수 없는 속도와 그에 따른 제재와 단죄에 의존하다 보면 국민에게 불안과 혼란, 피로감만 줄 뿐 성공하기 어렵다. 이제 보수는 사회공동체 전체를 보살피는 '따뜻한 보수', 진보는 역사 앞에서 역지사지하는 '겸손한 진보'로 거듭나야 한다.

우리나라는 남북 긴장상태가 높은 상황에서 사상의 자유가 서구사회보다 제한적이어서 보수와 진보는 큰 차이가 없다. 이제는 우리도 영국의 보수당과 노동당, 독일의 기독교민주당과 사회민주당 같은 보수, 진보의 선진적인 정치 질서를 재정립해야 한다.

새로운 정부는 특정 이념이나 주의, 주장에 매몰되지 말고 국민의 자유와 인권, 평등을 실현하기 위해 실용주의, 실사구시 기반 위에서 사회구성원 전체의 화해를 도모하고 통합해 공동체 정신을 구현해야 한다. 또한, 우리 사회의 모든 부분을 따뜻하게 보살피는 '사회적 모성주의'를 추구해야 한다.

대통령 중심제가 미국에서 전 세계로 퍼져 나갔는데 미국 외에 성공한 나라가 한 군데도 없다. 비교헌법학자인 독일의 뢰벤스타인은 미국에서 대통령제가 성공한 이유로, 첫째, 연방제 국가, 둘째, 정당 방침에 구속되지 않는 의원들의 원심력, 셋째, 독립적이고 강력한 언론, 넷째, 독립적인 사법권을 들었다. 우리나라는 여기에 해당되는 조건이 하나도 없다.

헌법규정들은 나라마다 비슷하다. 중요한 건 헌법의 기본적인 이념과 가치를 존중하고 그것을 지켜나가겠다는 헌법수호 의지다. 헌법의 이념과 가치는 자유, 평등, 정의 이런 것이고, 제도적으로는 민주주의와 법치주의다. 우리 헌법의 핵심추구요, 핵심요소이기 때문에 이런 것이 무시되거나 제외된다면 이는 헌법 파괴다.

우리 사회는 지독한 학벌 사회로 일류대학 진학이 인생의 모든 것을 결정하고 패자부활전도 보장되지 않는 위험천만하고 불안한 사회다. 학교에서 예술과 체육 활동 등으로 양보와 협력을 경험함으로써 상식적이고 합리적이면서도 공동선을 추구하는 '공익적 개인주의'로 무장된 새로운 세대를 길러내는 것이 중요하다. 그러기 위해서는 청년들의 꿈과 희망을 키우고 적성에 맞는 진로를 찾을 수 있도록 학벌사회의 상징인 대학제도를 혁파해야 한다.

차기 정부의 비전은 국리민복과 국태민안을 좌표로 해야 한다. 국가사회적 쟁점을 특정한 이념에서 판단할 것이 아니라 어느 쪽이 나라에 이롭고 국민의 행복에 이바지할 것인지를 정책별, 사안별로 구체적이고 합리적으로 결정하는 것이 옳다. 또한 패자부활전이 있는 안전하며 따뜻하고 품위 있는 합리적인 사회 건설을 목표로 해야 한다. 우선 노사 간 사회적 대타협과 '친구 같은 우애와 사랑의 정신'과 같은 전통 미덕을 기초로 사회연대 의식과 사회방위 의식을 고양해야 한다. 사회적 소통과 관용의 정신으로 공정과 통합의 시대를 만드는 것은 정부의 역사적 소명이다.

과거의 시대정신을 논의한다면 국민소득이 67불 시대에는 국민의 의식주 문제를 비롯한 국력신장 즉 산업화가 시대정신이었고 그후에 등장한 민주화는 경직된 정치·사회를 자유시민 정신을 대입하자는 시대정신이었다.

이제는 앞으로 우리 국민이 50년 먹고 살 수 있는 먹거리의 방법과 수단을 포함한 내용이 시대정신이 되어야 한다.

이제 더 높은 곳에서 관조해야 한다

플라톤은 '국가론'을 써서 철인정치를 주장했다. 국가의 문제를 철학적 높이에서 다룬다. 공자, 노자도 궁극적으로는 국가 통치와 관련되는 정치 철학 특징이 강하다. 니체도 바그너와 같이 신화적 내용으로 독일사회를 쇄신시키려 했다.

'순수이성비판'을 쓴 칸트도 민족을 어떻게 국가로 조직해 낼 수 있을까 하는 문제를 고뇌하면서 국가와 공화국의 틀을 어떻게 짜고 기초를 닦아야 하는지에 탐구했다. 다산의 방대한 저서도 낡은 나라를 어떻게 새롭게 할 것인가(新我之舊邦) 하는 문제였다. 중국의 주자나 조선의 퇴계, 율곡도 모두 다 정치가적 풍모를 갖고 있었다.

칼 야스퍼스(Karl Jaspers)는 지구상 기원전 8세기부터 2세기까지는 기축시대(基軸時代/ Axial Age)로 규정했다. 기축시대란 인류문명의 기본이 형성된 시기라는 것이다. 예를 들어 그리스에서는 탈레스, 소크라테스, 플라톤, 아리스토텔레스 등이 등장했고, 중국에서는 노자, 공자, 맹자 등 제자백가가 등장했다. 세계를 보는 시각이 형성된 것이다.

이때 철학이 시작된 것이고, 철학이 시작되었다는 것은 신에 대한 믿음 대신 스스로 생각하게 시작한 것이다. 그때부터 인간은 신으로부터 주도권을 뺏어와 역사의 책임자가 된 것이다. 이때부터는 주력이 아니라 말을 잘하는 사람이 지배적 위치는 점했고 그들이 사실은 웅변가요, 정치가였다.

지적으로 높은 차원에서 세상을 내려다보면서 문제해결을 논하면 철학이고, 구체적인 방식의 문제해결에 집중하면 정치다. 해결하는 지적 방식은 같다고 볼 수 있다.

철학적 인도를 받지 못한 정치는 기능에 빠져 정치공작 차원의 정치를 넘지 못한다. 정치공작은 정치 행위자들이 정치권력을 잡고 그것을 지키는 방법에만 관심을 둘 뿐 삶의 문제를 해결하여 사회를 진보시키는 데는 관심을 두지 않는다.

대한민국의 정치는 정치공작이 대부분이고, 그래서 정치는 사라졌다. 권력을 잡고 유지하는 데 사회를 분열시키고 있다. 권력 유지에 필요하다면 불필요하거나 타당치 않은 토목공사를 감행한다. 정치공작에 익숙한 정치인들은 철학적 문제를 제기하면 현실을 모르는 이상주의자들의 헛소리라고 말한다.

국가의 모든 일은 대개 권력을 가진 자들의 시선의 높이에 의해서 결정된다. 따라서 '시선의 높이'는 개인의 삶이나 국가 경영을 좌우하는 것이다. 시선의 높이는 곧 실력이다. 실력 이상의 것에 대하여 하는 모든 약속은 허망한 것이다. 산을 전체적으로 보려면 산보다 더 높은 곳에 올라가야 한다. 그렇지 않고서는 옆구리의 한 부분만 볼 따름인 것이다.

이제 더 높은 곳에서 관조해야 한다.

공직자의 기본자질 — 도덕성과 5적

군자라는 말이 있다. 인격적으로 훌륭한 이를 가리키는 말이다. 이 말이 담겼던 뜻은 '군주나 귀족 집안의 남자'였다. 옛날 고위직은 아들 통치계층의 남자로 채워졌기에 군자는 지위가 높은 남자였다. 옛날에도 관리가 되기 위해서는 직무 역량과 도덕적 수양이 요구됐다. 직무 도덕에서 스승이라고 불릴 정도의 전문성과 고상함을 갖추어야 했다.

어느 날 맹자는 잠 못 들 정도로 기뻐했다. 제자 악정자가 노나라의 재상이 되었기 때문이다. 제자 공손추가 "악정자는 강합니다. 지혜롭습니다. 견문이 넓습니다. 성공했는데 무엇 때문에 잠을 못 이룰 정도로 기뻐하십니까"라 묻자 맹자는 "악정자가 선함을 좋아하기 때문"이라고 했다. 공직자가 직무 역량과 도덕 역량을 겸비해야 함은 상식이다.

맹자는 말한다.

"오늘날 신하들은 군주를 위해 토지를 넓히고 창고를 채울 줄 안다고 자부하나 좋은 신하는 백성을 해치는 자들이다. 군주가 도를 도모하고 어짊을 추구하도록 하는 것은 폭군을 부유케 하는 것이다."

관리의 조건으로 꼽힌 강함, 지혜, 견문 등이 군주만을 위해 사용될 때, 어찌 보면 이는 군주에게나 좋은 신하가 될 뿐 백성에게는 도적과 다름없다는 것이다. 관리는 군주의 이익과 백성의 이익 사이에 끼인 존재라는 뜻이 아니고 도덕 역량을 갖추고서 군주의 도덕 역량을 제고해 나간다면 군주-관리-백성이 하나의 이익공동체가 될 수 있다는 것이다.

> **5적(賊)**
> 1905년 을사조약을 체결할 때 찬성 또는 묵인한 대한제국 대신 다섯 명을 을사오적이라고 부른다. 내부대신 이지용, 군부대신 이근택, 외부대신 박제순, 학부대신 이완용, 농상공부대신 권중현이다. 나라를 팔아먹었기에 도적이라는 뜻의 '賊' 자를 붙였다. 을사5적은 나라와 동족을 판 대가로 일본 귀족 칭호를 받으면서 권력과 부를 누렸다. 을사조약은 1907년 우리나라를 식민지화하는 정미조약, 1910년 일본이 조선을 병합하는 경술국치로 여기에 추가로 가담한 정미7적, 경술9적 명단도 있다. 세 명단에 빠지지 않는 인물이 이완용으로 그가 이 나라의 대표적 매국노로 기록된 배경이다.

김지하는 민족반역자 대신 재벌, 국회의원, 고급공무원, 장성, 장차관을 5적으로 지칭했다. 1960년대 후반 국민 대다수가 가난하게 살던 시절, 개발독재 과정에서 부정부패로 엄청난 부를 축적하며 호화로운 생활을 한 대표적 인물과 직업군을 비판한 것이다.

'서울이라 장안 한복판에 다섯 도둑이 모여 살았겄다'로 시작하는 5적을 제작한 『사상계』는 폐간됐고, 김지하 등은 국보법 위반으로 구속되기도 했다. 을사5적과 김지하 5적의 영향을 받은 듯 사회 곳곳에서 3적, 5적이 일반적 용어가 됐다.

리더십 사례

리더십은 사람을 모으는 리더십과 사람을 떠나게 하는 리더십이 있다.

사람을 모으는 리더십은 무엇일까. 첫째 열린 사고로 조직의 뚜렷한 비전, 둘째, 현실 직시와 더 나은 미래를 추구한다는 열정, 셋째, 신뢰와 존경을 받을 만한 높은 인품과 공감 능력이다.

로마제국의 현군이며 학자였던 마르쿠스 아우렐리우스는 「명상록」에서 지도자가 갖추어야 할 덕목으로 지혜(wisdom), 정의감(justice), 강인함(fortitude), 그리고 절제력(temperance)을 강조했다. 명철한 지혜로 보다 나은 국가의 미래를 계획하고 공심으로 옳고 그름을 분명히 실천에 옮겨야 하며, 위기 상황을 극복할 수 있는 강인한 정신력과 자기 자신의 욕망을 억제해 균형감각을 유지하는 절제력이 있어야 한다는 것이다.

서산대사의 유명한 글 "눈 내린 들판을 걸어갈 땐(踏雪野中去)/ 모름지기 함부로 걷지 말라(不須胡亂行)/ 오늘 남긴 내 발자국은(今日我行跡)/ 뒷사람의 이정표가 될 것이니(遂作後人程)"라는 것이다. 이는 리더가 얼마나 신중하게 행동해야 하는가를 일깨워주는 주옥같은 시다.

백범 김구는 이 시를 좌우명으로 삼고 하루 세 번씩 낭용했으며, 김대중 대통령은 이 시를 휘호로 즐겨 썼다.

성공한 리더들은 한결같이 인사의 귀재들이었다. 이들은 자신이 사라진 후에도 조직의 비전이 지속될 수 있도록 리더십을 승계한다. 붓다에게는 마하가섭과 아난다 등이 있었고, 예수에게는 바울과 베드로가 있었다. 이들과 더불어 예수의 비전은 서구를 덮었고, 붓다의 비전은 동양을 덮었다.

당시 동서양은 험악한 지형으로 차단되다시피 해서 두 사상이 각각 특색있게 자리 잡을 수 있었다. 즉 서양은 분석적, 귀납적으로, 동양은 종합적, 연역적으로 발전해 나갔다. 이후 성경은 카네기식 자기개발서의 본류가 되었고, 불경은 지친 애환을 스스로 달래는 심리적 콘트롤의 원류가 되었다.

리더로서 예수의 비전은 분명했다. 밤하늘의 북극성을 가리키는 나침판처럼 천국이라는 한 가지 지점을 가리켰다. 눈물과 고통이 없는 저 파라다이스에 나를 믿으면 갈 수 있다는 것이다. (요11:25) 내가 곧 길이요 생명이니 나를 믿으면 죽어도 곧 부활할 것이라 했다.

세상이 혼란스러울 때는 이런 강력한 방향제시에 사람들이 매력을 느낀다. 이런 집단 현상을 에리히 프롬은 '자유로부터의 도피(escape from freedom)' 라고 했다. 위협적인 환경에서 고립된 개인이 신세계와 관례를 맺으려는 강력한 욕구가 중세기 프로테스탄티즘에 투영되어 있다고 보는 것이다.

예수는 지시형(director) 리더였다. 석가는 성찰형(reflection) 리더였다. 석가는 유언으로 자등명 법등명(自燈明 法燈明)을 남긴 만큼 사람들이 스스로를 등불 삼고 진리를 등불로 삼기를 바랐다. 이는 각자가 부처가 되라는 말이다.

예수에게 '믿고 추종하는 것' 만이 중요하다면 붓다에게는 '네가 스스로 붓다처럼 깨달은 자가 되라' 는 것이다. 예수가 서양의 비저너리였던 것처럼 붓다는 동양의 비저너리였다. 붓다의 비전과 예수의 비전은 완전히 달랐다. 예수가 북극성처럼 빛나는 하나님 나라라는 개념을 제시했다면, 시공간으로 무변광대한 연기론을 제시했다. 이를 은하수에 비유할 수 있다.

붓다는 삼라만상을 포함해 무한히 흐르는 은하계 전체가 하나의 인드라망이라는 것이다. 그 속의 나 그렇게 연결된 나가 각자라는 깨달음을 통해 온갖 욕망의 불이 꺼진 고요 속으로 가야 한다. 그 고요가 해탈 곧 열반이며 저 푸르른 은하수와 나와 인류와 자연이 모두 하나가 되는 것이다. 예수처럼 천국의 북극성처럼 따로 있는 것이 아니다. 이처럼 붓다의 열반은 은하수를 흡입해 가는 블랙홀 이전의 심연 없는 근원까지 받아들이는 것이다. 이로써 생사가 하나가 되며 색즉시공 공즉시색이 된다.

붓다와 예수가 동기부여하는 방식도 다르다. 예수는 신심의 동기로 '불을 던지러 왔다(눅12:49)' 고 선포했다. 신앙의 불이다. 가족보다, 나라보다, 그 무엇보다 신앙이 더 중요하다. 붓다의 동기부여 방식은 오히려 불을 끄는 것이었다. 여기에서의 불은 번뇌를 일으키는 탐진치(貪嗔痴)의 불을 끄라는 것이다. 그러다 보니 붓다의 리더십은 예수의 리더십에 비해 결집력이 약하다.

인도의 총리였던 네루는 『세계사의 편력(Glimpses of world history)』에서 "예수는 기존사회의 위선에 정면으로 맞서다가 골고다 언덕 위 십자가에 매달리게 되었다. 하지만 후에 바울이 예수를 신격화했다"라고 했다. 이로써 예수가 인류의 죄를 씻어주는 구세주로 현시된 것이다. 여기서 서양의 죄책적 문화가 나왔다.

　서양과 달리 동양의 수치심 문화는 붓다의 가르침에 중국의 도교, 유교가 조우하면서 발생한 것이다. 붓다는 我(나)를 오온의 화합물로 본다. 여기서 색수상행식이 나왔는데 이 붓다의 가르침에 도교적 무위사상과 유교적 입신양명이 합쳐졌다.

　예수 리더십의 현상은 결집과 축적과 상승이다. 서양의 고딕식 건축물이 이를 상징한다. 붓다의 리더십은 내려놓음에 있다. 예수의 리더십은 산업혁명 이후 승자독식 사회에 최적이었다. 붓다의 리더십은 생태 중심적 가치관으로 표현할 수 있다.

인사가 가른 항우와 유방의 성패

인사(人事)가 만사(萬事)다. 인사는 국가의 흥망성쇠를 좌우하는 리더의 핵심 자질이다. 인사는 인재를 구하는 것으로 끝나지 않는다. 적재적소에 배치하고 역량을 최대한 발휘할 수 있도록 해야 한다.

유방은 항우에게 승리한 이유에 대해 '나는 전략에서는 장량을 따르지 못하고, 내정에서는 소하에 미치지 못하고, 군대 지휘에 있어서는 한신을 따르지 못하지만 이들을 쓸 줄 알았다. 항우는 인물이 많았지만 한 사람도 제대로 쓸 줄 몰랐다'고 설명했다.

인사의 첫 단계는 인재를 보는 눈이다. 당나라 때 관리임명 기준으로 신언서판(身言書判; 용모, 언변, 문장력, 판단력)이 제시됐다. 제왕학에서는 원칙을 가르쳐주는 스승, 직언을 해주는 측근, 대등한 위치에서 조언을 해주는 막역지우 등을 주변에 둬야 한다고 강조한다.

태종 이방원은 부족한 정통성을 보완하기 위해 인재로 꼽히는 인물이면 차별하지 않고 이전 정권 사람인 조준이나 고려 충신 이색의 제자 권근을 중용했다.

이를 위해서는 커뮤니케이션이 필수다. 문턱을 낮추고 자주 대화하며, 긍지와 보람을 느끼게 해야 한다. 싫은 소리일수록 경청해야 한다.

'군주 자신이 현명하지 않으면 훌륭한 조언도 받아들여지지 않는다'는 마키아벨리의 말처럼 커뮤니케이션도 지도자의 자질에 달려 있다.

리더십의 위기

데이비드 이스턴(David Easton) 교수의 체제이론에 따르면 정치체제(정부)는 국내외적 요구와 지지라는 투입(Input)을 받아 체제에서 전환(Conversion)을 거쳐 산출(Output)하고, 다시 체제 투입으로 환류(Feedback)되는 과정을 거친다. 이러한 투입-전환-산출-환류 기능이 잘 이루어지면 정치 지도자는 지지를 받지만 그렇지 못하면 위기를 맞는다.

국내외적 정치 상황이 위의 선순환적 정치체제의 흐름이라기보다는 복잡다단하게 진행되고 있는 듯하다. 그야말로 국민적 요구를 국정으로 전환하지도, 산출하지도 못한 정부와 지도자가 현실적으로 많다. 최근 정치권을 보면 정치 지도자가 국가정책에 대한 비전을 만들지 못하고 부족주의(Tribalism)적 문화를 만들어 자기들만의 이념을 추구하는 모습이 나타난다.

그 이념이 극단적 포퓰리즘이거나 국수주의로 나아갈 때 국민은 이정표를 잃어버린 채 방황한다. 그야말로 국민의 불만을 자극한 악마의 유혹으로 인해 민주주의가 민주적으로 붕괴되고 있다. 독재자들은 자기가 원하는 일이 국민이 원하는 것이고, 국민이 시키는 일이라고 핑계를 대거나 변명한다.

결국 민주주의의 위기는 통치자가 자신의 뜻과 국민의 뜻을 동일시하는 데서 발생한다. 어떤 지도자는 국가권력을 자의적으로 해석하는 위험한 발상을 한다. 이런 면에서 현대의 정치상황은 그야말로 리더십의 실종 또는 위기상황이라 할 만하다.

리더십의 과제와 사례

우리나라는 제도적·형식적인 측면에서는 분명히 민주주의가 맞는 것 같은데 민주적으로 선출된 지도자에 의해서 오히려 민주주의가 위협받고 있는 것이 아닌가 생각한다. 우리나라는 결손적 민주주의 국가이다. 합리적으로 선출된 대통령의 권한을 수평적으로 견제할 수 있는 장치가 없다.

미국의 경우 사법부가 제도적으로 독립되어 있다. 우리나라는 사법부, 입법부가 실제적으로 독립되어 있는지 의문이다. 민주화 이후 30여 년이 지난 현시점에도 한국사회가 극심한 진영 갈등을 겪는 근본 원인은 '공존의 규칙'인 헌법정신이 무시되고 있기 때문이다. 여러 정권에서 승자독식, 권력집중의 피해가 낱낱이 확인되었는데도 정치권이 이를 바로잡으려는 노력 없이 오로지 권력을 잡는 데만 혈안이 되어있다.

17세기 스웨덴의 정치가였던 옥센셰르나 백작이 아들에게 남긴 '아들아, 이 세상을 얼마나 하찮은 자들이 다스리는지 똑똑히 알아두거라. 국민들이 정치를 혐오하고 도외시하면 어쩔 수 없이 하찮은 자들의 지배를 받을 수밖에 없다'라는 유언을 되새겨봐야 한다.
 우리는 나다니엘 호손의 「큰 바위 얼굴」을 기대하면서 오늘도, 내일도 희망을 가져본다. 나침반같이 방향을 제시하고, 국민들의 마음을 쓰다듬어 주면서 함께 땀을 흘릴 수 있는 지도자를 기다려본다.

국가 차원의 비전과 철학은 통섭

아리스토텔레스(BC384~BC322), 레오나르도 다빈치(1452~1519), 연암 박지원(1737~1805), 다산 정약용(1762~1836)은 통섭의 학자다. 지식의 총량이 거대해져서 한 분야를 팔 수밖에 없는 시대에 살고 있는 우리는 우물을 깊게 파려면 넓게 파야 한다.

통합은 물리적, 융합은 화합적, 통섭은 생물학적이다. 융합은 목표이고 융합의 방법론 혹은 철학적 배경이 통섭이 아닐까 싶다. 한 사람의 마음속에서도 통섭적 합침이 일어날 수밖에 없다.

한국은 세계 과학 문명의 박물관이다. 과학 후진국가와 과학 선진국가의 명암을 모두 경험했다. 그렇다면 한국은 과학기술 중시 국가인가, 과학기술 경시 국가인가. 선발국가들의 전철을 피하면서도 후발국가들이 지속 가능한 성장을 꿈꿀 수 있는 새로운 길은 무엇인가.

누구를 위하고, 무엇을 위한 메가 프로젝트인가. 메가 프로젝트로 무엇을 할 수 있는가. 빠른 추격의 비밀은 전통 과학 문명의 깊이에 있었다. 자기 성찰의 저력은 한국의 민주주의다. 한국은 빅데이터를 바탕으로 시공간 축으로 시각화한 한국 과학기술의 세계지도가 되었다.

말하자면 한국 근현대 과학기술의 과거와 현재를 보여주는 역사지도를 만들어야 한다. 또 유라시아 과학기술 로드맵도 필요하다. 한국사를 자주적이고 통합적으로 이해할 필요가 있다. 패배주의 극복을 위해 자부심을 가질 수 있는 새로운 통합적 역사관을 마련해야 한다.

첫째, 자연과학자, 공학자와 인문학자들이 학제간 통섭적 연구를 진행할 때 발생할 수 있는 이론, 실행상의 문제는 어떻게 극복하나.

둘째, 통섭적 연구를 제도적으로 실행해 갈 수 있는 논의 기구와 제도적 장치는 어떤 모델이어야 하는가.

셋째, 통섭의 이념으로부터 통섭적 지식, 통섭의 주체와 대상, 통섭을 위한 제도와 교육, 통섭적 지식의 적용, 통섭의 효과 등과 같은 단계적, 정치적 과정을 어떻게 고려해야 하는가.

이러한 문제를 포함해 분단된 한국사회가 지향해야 할 미래상은 무엇인가?

우리나라 저출산의 원인은 '가장 극심한 경쟁사회' 때문이다. 나는 지옥에 살지만 내 자식까지 지옥에 살게 하지는 않을 것이라며 경쟁을 통한 공정능력사회를 지향한 결과로써 희망소멸사회가 될 것이다.

성숙한 사회의 가치 탐구

나는 상황을 보수적으로 인식하지만 문제를 합리적으로 해결하려는 자세를 취한다. 합리적 보수주의자다. 합리적이라는 말에는 반대입장을 취하는 사람과도 대화와 타협이 가능하다는 것이다.

스스로를 선(善)이라 자처하면서 악으로서의 반대세력을 끝까지 제거하려는 입장을 극단주의라고 한다면, 나는 보수진영에 속하지만 극단을 견제하면서 균형을 지향하는 중도보수를 지향한다. 지식인으로서의 나의 역할은 극단적 보수를 합리적 보수로 전환시키는 일이다.

일반적으로는 비판적 관심에서 출발하는 사회과학은 첫째, 현존하는 세계에 대한 체계적인 진단과 비판을 정교화하고, 둘째, 실행 가능한 대안(alternatives)을 구상하고, 셋째, 변혁(transformation)의 가능성과 더불어 문제해결을 어렵게 만드는 상황에 대한 인식을 수행한다.

문명의 유지가 가능한 사회인지를 파악하기 위해 던진 4가지 질문은 적응(Adaptation), 목적달성(Goal, Attainment), 통합(Integration), 잠재적 유형 유지(Latent Patten maintenance)로 구성된 파슨스의 4가지 기능

패러다임을 연상할 수 있다. 파슨스의 사회체계론을 흔히 구조기능주의라고 하는데 그의 이론적 섭렵도 이에 해당하는 것으로 볼 수 있다.

우리나라의 사회복지학계의 경향 중 하나는 미국 학문을 빠르게 직수입하여 지식시장에 내놓으면서 이윤을 취하는 학자가 있다. 이를 '트랜스 내셔널 미들맨 지식인'이라고 부르고 싶다.

동아시아 유교문명권에서 가장 부족한 것은 '개인에 대한 존중'이다. 혈연, 지연, 학연으로 이루어진 온정주의적 공동체는 언제나 배타적인 네트워크로 작동하며 집단이기주의를 드러낸다. 그런 공동체 내부는 권위주위적 지도자가 군림하며 개인을 존중하지 않는다.

유교적 공동체는 '의리'라는 이름으로 개인의 의무와 책임을 강조하는 반면 개인의 자유와 창의성을 억압한다. 그러나 건강한 공동체는 서로 다른 사람들의 개인적 특성을 고려하며 평등한 관계를 이루는 공동체다.

프랑스 사회학을 창건한 에밀 뒤르켕(Emile Durkneim)은 사회적 가치의 근원을 종교에서 찾았다. 종교는 이 세상을 환원적 영역과 관련하여 이해한다. 종교적 인간은 그가 처해 있는 역사적 맥락이 어떠하든 간에 이 세계를 초월하면서도 이 세계 안에서 자신을 현현하는 그림으로써 이 세계를 성화하고 또 그것을 실재적인 것으로 만드는 성스러운 것, 절대적 실재가 있다고 믿는다. 그 가치가 사회적 제도 속에 스며들고 사회생활의 규범으로써 정당성을 얻는 것은 그것이 감히 범할 수 없는 성스러운 것, 거룩한 것이기 때문이다.

그러나 그는 사회적 가치에 대해 심리적 갈등을 하고는 있지만 종교사회학적 관점은 취하지 않는다. 그 이유는 그가 인간주의(humanism)적 관점에서 인간 자신으로부터 도출한 척도로 사회적 가치를 논의하기 때문이다.

인간주의는 인간을 지배하는 어떤 표준이든 반드시 인간 자신으로부터 도출해야 하고 인간의 척도에 맞게 설정해야 한다. 이런 문화, 생활양식, 관습, 금기, 신앙제도, 사회구조 또는 기술이라도 인간의 권리와 자유를 파괴하고 인간이 지닌 잠재력의 개발을 저해하며 인간의 삶 자체를 위협할 때는 언제든지 폐기하거나 개선해야 된다고 믿는다.

김환기, 유연국, 장욱진 등 한국의 서양화를 대표하는 화가들의 회고전을 보면 초기에는 복잡한 구상의 화풍에서 만년으로 갈수록 단순하고 추상화되는 경향을 보인다. 화가들에게 만년의 양식이 있다면 그것은 단순명료해지는 것이다. 부차적인 것은 다 생략하고 핵심만 표현하는 것이다.

그렇다면 원로학자만이 보여줄 수 있는 만년의 양식(Later style)이 있다면 그것은 어떤 것일까? 만년의 양식이 있다면 그건 단순하지만 깊은 지혜와 통찰력을 담고 있는 글쓰기이다.

'인간이 가치 있는 삶을 살자면 사회는 어떤 사회가 되어야 하는가'에 대한 답은 '문화적 고양으로 정화한 성숙한 선진사회(Cultured Mature Advanced Society)'이다. 선진국은 경제적으로만 부유한 것이 아니라 다른 나라의 존경을 받을 수 있는 나라여야 한다.

죽음을 넘어선 정신의 승리

 삶의 고비 혹은 생의 험로를 생각할 때면 두 통의 편지가 떠오른다.
 하나는 사마천이 친구 임안에게 쓴 편지다.
 이능을 변호하다 한무제의 미움을 샀다. 사형을 당할 처지에 빠졌을 때 '이대로 죽을 것인가, 수치스럽더라도 살길을 찾을 것인가'를 놓고 고뇌하다 궁형을 받고 목숨을 구하기로 선택했다. 편지에서 사마천은 그렇게 결심한 이유를 밝힌다. 부친의 유업을 이어받아 『사기』를 완성해야 하는데 그러려면 목숨을 지켜야 하고, 목숨을 지키려면 치욕을 견딜 수밖에 없었다는 것이다. 이대로 죽는다면 그 죽음은 아홉 마리 소에서 터럭 하나 빠지는 것과 다를 바 없고, 그런 죽음으로 끝나는 삶이라면 땅강아지나 개미의 삶과 무엇이 다르겠는가.
 '사람은 한 번 죽지만 어떤 죽음은 태산보다 무겁고 어떤 죽음은 터럭만큼이나 가볍다.'
 궁형을 받은 사마천의 처지는 궁을 청소하는 노복이나 왕을 시중드는 환관의 처지와 다를 것이 없었다. 그러나 살아야 한다. 임안에게 보내는 편지에서 사마천은 비통하면서도 웅대한 문장으로 자기에게 남은 삶의 폭포를 겨냥해 이렇게 쓴다.

> 문왕은 갇힌 몸이 되어 『주역』을 풀이했고, 공자는 곤란한 처지를 겪고 돌아와 『춘추』를 지었다. 굴원은 쫓겨나서 『이소』를 지었으며, 좌구명은 눈을 잃은 뒤에야 『국어』를 지었다. 손자는 발이 잘리고서 『병법』을 편찬했고, 여불위는 촉에 유배된 후 세상에 『여람』을 남겼다. 한비자는 진에 갇혀서야 『세난』과 『고분』편을 지었으며, 『시경』 300판도 대개 성현이 발분하여 지은 것이다. 이 사람들은 모두 가슴 속에 맺힌 바가 있었고 자신의 이상을 실천할 수 없었기에 지나간 일을 서술하여 후세의 사람들이 자신의 뜻을 알아주길 바랐던 것이다. 좌구명처럼 실명을 하거나 손빈처럼 발이 잘린 사람은 세상에 쓰일 희망이 없었기에 물러나 책을 지어 울분을 토하고 문장을 남겨 자신을 세상에 드러냈던 것이다.

곤경에 처하여 무너지지 않고 발분하여 쓴 것이 위대한 고전이 되었으니 자신도 그런 마음으로 울분을 누르고 『사기』 130편을 써 하늘과 인간의 관계를 탐구하고, 고급의 변화에 통달하여 일가의 학설을 이루고자 뽑아낸 씨실과 날실을 엮어 『사기』라는 불후의 대작을 짜낸 것이다.

사마천의 『사기』와 마찬가지로 마키아벨리의 『군주론』은 고통과 비애의 산물이다. 불운이 비범한 인간들을 헤아날 길 없는 삶의 낭떠러지로 밀어 떨어뜨리지 않았다면 『사기』도 『군주론』도 지금과 같은 모습으로 세상에 나오지 못했을 것이다.

예외가 없는 것은 아니지만 역사에 남는 작품은 대개 불행한 환경의 소산이다. 투키디데스가 『펠로폰네소스 전쟁사』를 써 역사가들의 역사가 된 것도 스파르타와 벌인 전쟁에서 패해 장군직에서 쫓겨나고 아테네에서 추방당하지 않았다면 일어날 수 없었을 것이다.

플라톤이 『일곱째 서한』에서 상세히 밝힌 대로 흠모하던 스승 소크라테스가 아테네 정치의 혼란 속에 누명을 쓰고 죽음을 당하지 않았다면, 그리하여 정치가가 되고자 하던 젊은이를 아테네 바깥으로 내몰지 않았더라면 비감 속에 지중해를 떠돌 일도 없었을 것이고, 고향에 돌아와 학교를 세워 철학을 가르칠 일도 없었을 것이다. 또 그랬더라면 서양 철학 2000년대의 근간이 된 그 놀라운 저작들도 모태 밖으로 나오지 못했을 것이다.

마키아벨리의 선배 단테 알리기에리가 피렌체의 총리직에서 쫓겨 죽음의 위협 속에서 끝없이 세상을 방황하지 않았더라면 『신곡』이라는 희대의 시편은 지상에 남지 못했을 것이다. 『신곡』의 바탕이 된 단테의 정치철학도 베아트리체의 영혼과 함께 단테의 마음속에만 머물다 죽음과 함께 흩어졌을 것이다. 파리의 화려함 속에서 주눅 들어 밑바닥에 짓눌려 있던 루소는 어느 날 잡지에 실린 현상공모 논문 제목을 보았다. 「학문과 예술은 풍속의 타락에 기여했는가, 아니면 승화에 기여했는가.」 그 제목을 읽는 순간 거센 영감의 폭풍이 루소를 휘감았다. 그때의 경험을 훗날 루소는 후원자 그욤드 말제르브에게 보낸 편지에서 밝혔다.

루소는 이때 본 것을 『학문예술론』으로, 『인간 불평등 기원론』으로, 『사회계약론』으로 빚어냈고, 루소의 책은 프랑스 혁명이라는 거대한 폭탄의 뇌관이 되었다.

우리 한반도의 역사를 보면 사상의 새벽을 연 사람은 원효였고, 그 새벽을 다시 불러낸 사람이 수운 최제우다. 두 사람은 통상의 기준으로 보면 광인이었다. 파계한 원효는 북을 치고 노래하며 세상을 돌아다녔고, 최제우는 하늘의 소리를 듣고 놀라 자빠졌다. 그 소리를 뿌리치지 못한 최제우는 사람들을 모아 소리의 뜻을 전하다 죽음 속으로 들어갔다.

나비효과를 생각한다

일반적으로 사회에서 일어나는 조그마한 사건이 시발점이 되어 진행되다가 전혀 관계가 없어 보이는 큰 변화가 생겼을 때 쓰는 용어가 있다. 이를 '나비효과'라고 한다.

나비효과란 용어는 '나비의 날갯짓 하나가 대륙을 넘어 태풍을 일으킬 수 있다'는 미국의 기상학자 에드워드 로렌츠(Edward Norton Lorenz)가 1961년에 사용한 단어다. 날씨 예측이 어렵고 변화무쌍하기 때문에 이를 표현한 과학 용어였지만 지금은 다양한 분야에서 이 '나비효과'가 인용되고 있다.

로마교황 레오 10세는 산 피에트로 대성당을 다시 짓기 위해 막대한 자금이 필요했다. 그래서 면죄부를 팔기 시작했다. 면죄부는 그동안 지은 죄를 모두 용서받을 수 있다고 인식되어 엄청나게 판매됐다. 이때 마틴 루터(Martin Luther)는 비텐베르크 대학의 신학 교수였는데 이 면죄부 판매를 적극 반대했고, '95개 반박문'을 발표했다.

그러자 교황은 루터를 파직시켰다. 당시 독일은 소상공인과 중산계급이 여러 이해관계로 교황에 불만을 가지고 있던 때였는데, 이들은 루터의 주장을 지지했고 시민들은 신교도(프로테스탄트교도, 개신교도)를 만들었다.

신교도는 구교도와 다른 교회체제를 이룩했고, 오늘날 전 세계에 교세를 떨치고 있다. 그 후 마틴 루터는 어려운 라틴어로 되어있는 성경을 독일어로 번역해 성경의 대중화에 기여했다. 로마교황 레오 10세의 면죄부 판매가 결국 개신교 탄생의 단초를 제공한 '나비효과'가 된 것이다.

영국의 뉴턴(Newton)이라는 물리학자가 사과나무에서 떨어지는 것을 보고 '중력의 법칙'을 발견했다고 한다.

인류가 지구상에 생성되어 살아온 것이 수십만 년인데 사과가 떨어지는 모습을 많은 사람이 봤을 것이다. 어떤 사람은 사과 떨어지는 것을 시적(詩的) 표현을 하였을 것이고, 무심코 바라본 사람도 있을 것이다. 뉴턴은 갈릴레이 역학으로부터 발전시킨 뉴턴역학(뉴턴의 운동법칙)과 미적분이라는 수학적 도구를 통해 우리가 알고 있는 만유인력을 정립해낸 것이다.

아이작 뉴턴은 태양계의 모든 천체운동을 지배하는 단일한 힘을 상정하고 이를 중력이라고 불렀다. 이 중력(만유인력)은 혜성의 운동이나 조석 현상의 설명에도 성공적으로 적용되었고, 우주의 물질인자들 사이에 보편적으로 존재한다고 믿게 됐다.

뉴턴의 우연적 발견이 모든 물체를 서로 끌어당긴다고 알려진 만유인력의 존재 자체를 규명한 것이다. 지구상에서 측정되는 중력과 천체운동에 필요한 구심력이 같은 것이라는 정도의 개념은 전에도 알려진 사실이었지만 뉴턴에 의해 공표된 것이다.

뉴턴의 역학적 자연관은 18세기 계몽주의 사상에도 큰 영향을 미쳤다. 사과나무에서 사과가 떨어지는 모습을 보고 이러한 자연적 원리와 우주의 법칙을 개발해낸 것은 '나비효과' 이다.

　명나라의 몰락과 청나라 건국으로 이어진 '임진왜란' 도 나비효과의 한 전형이다. 일본의 토요토미 히데요시라는 인물의 '날갯짓' 이 1592년 임진왜란을 일으켰다. 이 전쟁은 대륙(명나라)을 치겠다는 과대망상을 가진 인물에 의해 추진됐다. 그런데 이 전쟁은 명나라의 몰락과 청나라의 건국, 중흥을 하는 계기를 만들었다.

　그 당시 명나라는 몽골인의 원나라를 멸망시키고 건국한 국가였다. 그들은 몽골을 견제하는 수단으로 만주족을 억누르는 정책을 써왔다. 그래서 만주지역에 몽골부대를 주둔시켰다. 그런데 전혀 예상치 못한 조선에 왜군 침략이라는 큰 변수가 생기면서 만주에 주둔하고 있던 이여송을 파견해 임진왜란을 진압하려고 했다.

　이때 그동안 억눌려왔던 만주족 견제가 느슨해졌고, 그 틈을 타 만주족 누루하치가 청나라 건국을 하게 된 것이다. 이어서 청나라에 의해 명나라가 몰락하게 되고 명청이 교체하는 예상치 못한 역사가 전개됐다. 왜장(倭將)의 나비효과가 전형적으로 나타난 것이다.

　아돌프 히틀러(Adolf Hitler)는 오스트리아 파사우, 브라우나우라는 소도시에서 세무공무원인 아버지의 아들로 태어났다. 그는 미술에 재능이 있어 미술 학교에 진학하려 했으나 낙방을 했다. 그 후 방황의 청소년기를 지내면서 미술도구 행상을 하기도 했다. 감성이 예민한 시기에 불우하게 자란 히틀러는 유대인들이 그를 매몰차게 대하는 것에 개인적 감정이 있었다고 한다.

　그 후 히틀러는 1914년 세계 제1차 대전이 발발했을 때 독일 군대에 입대했고 철십자훈장을 받을 정도로 군 생활을 성실하게 하다가 부상을 당해 전역을 한다.

히틀러는 전쟁에 패망한 독일이 전쟁배상금을 내야 하는 '베르사유 조약'을 무효라고 주장하면서 쿠데타를 음모하다가 발각되어 뮌헨감옥에 수감된다. 그때 감옥에서 쓴 책이 『나의 투쟁(Mein Kampf)』이고 그는 그 책에서 인종주의를 주장했다. 그는 '문화를 창시하는 아리안(Aryan)족, 창시된 문화를 모방하는 세계의 많은 인종, 문화를 파괴하는 유대인'으로 3등분하고 유대인은 지구상에서 사라져야 한다고 엉뚱한 주장을 한다.

결국 그의 인종주의 주장이 제2차 대전을 일으키면서 유대인을 십난 살해한 것이 아닌가 생각한다. 어렸을 때 유대인에게 냉대 받은 것에 대한 '날갯짓'이 대량학살이라는 '태풍'을 불게 만든 것으로 해석해 본다.

그렇다면 과연 나비효과는 재해인가, 아니면 새로운 세계의 전개인가.

2022년 2월 24일 러시아의 푸틴은 '특별 군사작전'이라는 명분으로 우크라이나를 공격했다. 푸틴의 망상에서 시작된 전쟁은 쉽게 끝나지 않았고, 미국과 유럽의 나토동맹으로 확대되고 있다. 전쟁이 언제 끝날지 모르지만 푸틴의 '날갯짓'이 세계의 에너지와 식량 위기를 불러왔고 자유민주주의 블록과 권위주의 블록간 대립의 현상까지 초래했다.

또 유엔난민기구(UNHCR)에 의하면 2023년 1월말 현재 808만 명의 우크라이나 난민이 발생했다. 한 사람의 망상에 의한 '날갯짓'이 세계 3차 대전까지 몰고 올 수 있는 '태풍'으로 전개될 가능성도 있다.

처일진위육합(處一塵圍六合)이라고 '먼지 하나 속에 우주 삼라만상의 진체가 들어있는지' 아니면 먼지는 먼지이고, 우주는 우주로 구분하는 것인지 헷갈리는 시대에 우리는 살고 있다. '나비효과'라는 날갯짓이 인류 역사에 엄청난 재해와 인명 살상으로 이어지는 비극적 결과일 수도 있고, 새로운 전개일 수도 있을 것이다.

수신제가치국평천하의 의미

첫째, 제가(齊家)의 '가(家)'는 본래 가족이라는 의미가 아니었다. 그것은 대부가 다스리는 정치 단위를 가리켰다. 『대학』은 봉건제 시대의 산물이다. 봉건제에서는 천자가 천하를 다스림에 일정 지역의 통치를 제후에게 위임했다. 이렇게 제후가 위임통치하는 지역을 '국(國)'이라고 했다. 제후는 국을 다스림에 있어 일정 지역의 통치를 대부에게 재차 위임하기도 했다. 이렇게 대부가 위임받아 통치하는 지역을 '가(家)'라고 했다. 따라서 제가는 집안을 잘 다스린다는 뜻이 아니라 '가라는 정치 단위를 잘 다스린다'는 뜻이었다. 그러다가 봉건제가 해체되면서 가는 오늘날처럼 집안, 가족 등의 뜻으로 쓰이게 됐다.

둘째는 '수신제가치국평천하(修身齊家治國平天下)' 가운데 수신(修身)이 근본이며, 알파이자 오메가라는 점이다. 대학을 보면 이 구절 앞에는 '격물, 치지, 정심, 성의'라는 네 항목으로 나뉜다. 각각 '사물이 나아가다', '앎을 이루다', '마음을 바로 하다', '뜻을 정성되게 하다'는 뜻으로 모두 자기 내면을 다스리는 수신의 방법이다. 곧 '격물하고, 치지하고, 정심하고, 성의하여 수신한다'는 뜻이다. 그리고 이를 바탕으로 '제가하고, 치국하고, 평천하한다'는 말이다. 제가, 치국, 평천하는 이처럼 수신이 바탕이 되는 사회적 실천이다.

유가의 핵심 윤리인 '격물, 치지, 정심, 성의, 수신, 제가, 치국, 평천하'는 수신을 중심으로 구성돼 있다. 따라서 수신, 제가, 치국, 평천하는 순차적이지 않다. '먼저 수신을 다한 뒤에 제가를 하고 제가를 다한 뒤에 치국하라'는 뜻이 아니었다. 제가와 치국, 평천하는 수신을 기반으로 수행되기에 그 자체가 수신이었다.

내가 한 가정의 가장이면 가정을 잘 다스리는 것이 곧 수신이 되고, 국가 운영에 참여하는 자라면 국가를 잘 다스리는 것이 수신이 되며, 천하 경영에 참여하는 자라면 천하를 태평케 하는 것이 수신이라는 것이다. 이렇듯 '수신제가치국평천하'에서 초점은 제가, 치국, 평천하가 아니라 수신 곧 '나를 다스림'에 맞춰져 있다. 여기서 '나를 다스림'은 '나를 공평무사하게 대함'을 가리킨다.

이것이 제가나 치국, 평천하에 기본이 되는 까닭은 수나 제, 평천하의 평(平) 모두가 '공평무사하게 하다'는 뜻을 공유하고 있다. 곧 '수신제가치국평천하'는 다스림의 대상인 가족, 국민, 세상을 공평무사하게 대함이 그 자체로 수신이며, 그랬을 때 진리를 깨닫고 도를 구현하는 삶을 꾸준히 영위해 나갈 수 있다는 통찰인 것이다.

한국의 갈등구조

정치인들은 말끝마다 국민을 들먹이지만 실체는 정파의 이익에 따라 편파적 주장을 할 뿐이다. 작은 일도 크게 만들고 없던 일도 만들어 뒤집어씌우는 일은 이제 일상사가 되었다. 이를 비판하고 해결책을 모색하는 것이 지식인들의 역할이라지만 오히려 그들이 더 갈등을 부채질한다. 이러한 이념적, 정파적 몰입현상은 우리의 갈등구조를 더욱 구조화한다.

우려되는 것은 갈등의 구조화가 고착화 될 때 생기는 고통이다. 돌이켜 보면 우리는 아무리 좋은 일도 나의 이익에 반하면 용납하지 않으려 한다. 쓰레기 소각장이나 장례식장 같은 것은 반드시 필요한 시설이라지만 우리 동네에 들어서는 것은 반대다. 이로 인한 불필요한 논쟁과 대립의 격화는 우리 사회를 고통의 수렁에 빠뜨린다.

이념의 대립과 갈등은 더욱 그렇다. 시장에서 자유경쟁을 전제로 자본주의는 불평등 구조를 심화한다. 분배를 강조하는 사회주의는 생산성의 저하와 가난한 평등을 초래한다. 그런데도 우리는 문제를 외면한다. 갈등론자들은 갈등 과정 자체가 이해관계를 조정해 준다고 하지만 그 과정에서 겪는 혼란과 상처는 대립을 격화시킨다. 미노타우로스의 미로처럼 앞으로 갈 수도, 뒤로 물러설 수도 없는 진퇴유곡의 상황이 한국사회의 갈등구조다. 그럼 어떻게 갈등구조를 해결해야 하는가.

첫째, 이해와 양보다. 모든 갈등구조의 원인은 이기주의다. 남이야 어쨌든 나만 좋으면 그만이라는 생각이 그 뿌리다. 그렇지만 남도 이런 생각을 한다면, 우리는 이솝우화에 나오는 「외나무다리의 염소」가 된다. 내가 양보하는 것이 문제해결의 지름길이다.

둘째, 존중과 배려다. 모든 다른 주장에는 내가 귀 기울여야 할 내용이 있다. 내 생각과 다르다고 '전부가 아니며 전무(all or nothing)'라고 주장하다 보면 내 생각과 일치하는 것마저 부정하는 오류를 범한다. 그러나 우리는 나만 잘났다는 아집과 내 생각만 좋다는 법집(法執)에 사로잡혀 한쪽 눈을 감고 외눈으로 판단하려 한다. 그 결과는 불행과 비극의 번복이었다. 조선시대의 사색당쟁은 참혹한 사회의 원인이었고 해방공간의 좌우 대립은 분단을 고착화시켰다.

복잡한 이해 갈등이 충돌하는 세속적 현실을 타개하는 방법은 단 한 가지뿐이다. 이해와 양보, 존중과 배려라는 종교적 가르침 외에는 다른 수가 없다.

정서적 몰입이 승자의 비결

가브리엘 알몬드 교수에 따르면 정치발전이란, '정치체계가 구조적인 분화와 문화적 세속화를 통해 체제 능력을 신장시켜 나가는 과정'이다. '구조적 분화'란 '역할의 분화(role differentiation)'를 의미하며, 이는 하위체제의 전문화와 자율화를 제고함으로써 체제 능력을 향상시키는 것이다.

이를 선거에 적용한다면 선대위 체계가 기능적으로 분화하고 분야별로 배치된 선대위 구성원이 전문성을 갖고 자율적으로 움직일 때 선거 승리를 향한 조직 역량이 강화될 수 있다는 것이다. 선대위 조직구성은 끝났다. 이제는 몰입과 성과의 시기다. 조직몰입(organizational commitment)은 조직의 성과를 결정짓는 중요개념이다.

이는 '조직 구성원이 자신이 소속돼 있는 조직을 얼마나 동일시하며 그 조직에 헌신하고자 하는 정도'를 말한다. 구성원들의 조직 몰입도가 높으면 조직이 목표하는 성과를 올릴 가능성이 커진다. 리더의 핵심 역할은 바로 조직을 구성하고 조직몰입을 통해 성과를 유인해내는 것이다. 특히 중요한 것은 '정서적 몰입'이다. 정서적 몰입이란 스스로 조직 내 일원으로 강한 결속력을 느끼고 애착에 가까운 감정을 갖고 헌신하겠다는 태도를 가지는 것이다.

존 메이어와 나탈리 앨런이 지적한 대로 정서적 몰입은 조직성과를 만들어낸다. 어느 후보든 선대위 조직 구성원들의 강력한 정서적 몰입은 유인해내야 승리에 다가갈 수 있다. 단언컨대 독선적이고 수직적이며 거래적인 리더십보다 민주적이고 수평적이며 변혁적인 리더십을 갖춘 후보가 구성원의 정서적 몰입을 강화해 승리의 발판을 만들 수 있다.

중국 춘추전국시대 전략가인 공자는 승리하는 조직의 습관과 관련하여 '조직의 상하가 합심해야 승리할 수 있다(上下同欲者勝). 공동의 목표와 의지를 갖고 있을 때 그 조직은 반드시 강한 조직이 된다'고 말했다.

MZ세대를 읽어라

MZ세대 사원 – 그들은 어떤 사람들인가.

톡톡 튀는 20~30대 초반 젊은 직장인들의 심리를 파악하기는 쉽지 않은 일이다. 할아버지, 아버지 세대와 달리 '배고픔' 없이 풍족한 환경에서 자랐지만 반대로 '단군 이래 최고'라는 취업난과 벌어진 소득 격차 등으로 그 어느 세대보다 불평등과 불공정에 민감한 세대다. 구인, 구인 플랫폼 「사람인」이 2020년 말 MZ세대 구직과 관련하여 611명을 대상으로 조사한 설문 결과를 보면 MZ세대의 특징을 알 수 있다.

그들은 입사하기 싫어하는 기업으로 1위 '상사-동료의 능력과 인성이 나쁜 기업'이었다. 기업의 미래 비전과 능력을 가장 중요시한 것이다. 또 가장 가고 싶은 기업은 '직무 전문성을 기르고 경험을 많이 쌓을 수 있는 기업'(26.5%)이었다. 뒤이어, '상사-동료의 능력과 인성이 좋은 기업'(15.7%)이었다. '연봉과 워라밸'도 MZ세대에는 매우 중요한 직장 선택 요인이다. '연봉이 적은 기업과 야근 등 초과근무가 많은 기업'을 각각 가기 싫은 기업 2~3위로 정했다. 가고 싶은 기업은 '연봉 높은 기업'

(14.7%)과 '정년 보장 등 안정성이 높은 기업'(12.9%) 등이 있다.

기업 인사 담당자들은 MZ세대 직원들은('사람인'이 국내 451개 기업 인사 담당자를 대상으로 조사한 것) '워라밸 중시 회사에 보장을 요구'하는 특성을 뽑았다. '조직보다 개인의 이익을 중시'하는 태도도 이전 세대와는 다른 모습이었다. 말하자면 자유롭고 수평적인 기업문화를 원하는 성향이다.

1980년대 초에서 2000년대 초에 출생한 젊은이들을 MZ세대라고 한다. 그들은 자신들이 가졌던 직장에 대한 기대나 추구했던 방향과 다르면 미련 없이 진로를 바꾼다. 할 말은 꼭 하고 조금이라도 불공정하다고 느껴지는 조직 관행에 대해서는 당당하게 요구한다. MZ세대는 국내 인구의 34%다. 국내 주요 기업 임직원의 60% 수준으로 추산하고 있다. MZ세대를 빼놓고 기업문화를 구출할 수 없다는 의미다.

이 같은 시대적 변화에 기업들도 소통과 화합에 적극 나서고 있다. 기업들 역시 새로운 경영 및 인사환경에 맞춰 소통의 방법을 업그레이드하고 젊은 직원들과의 다양한 소통창구를 마련하기 위해 고심하고 있다. 젊은 직원들의 사고방식과 의식을 알고 그에 맞는 인사정책을 펼치는 것만이 회사 성장의 토대가 될 수 있다는 것을 인식한 것이다.

은둔형 외톨이

최근 한 통계에 의하면 우리나라 은둔형 외톨이가 61만 명이라고 한다. 대개 20~40세대에 집중되어 있다. 은둔형 외톨이는 6개월 동안 한 사람도 만나지 않는 자의적, 타의적 외톨이인 셈이다.

2020년 국민기초생활 보장법 개정으로 복지정책이 시혜적이라는 기존 관념이 기본권 보장이라는 새로운 패러다임으로 전환됐다. 그리고 지난 20여 년 동안 복지정책이 양적으로 확대됐다. 그러나 여전히 OECD 평균에는 미치지 못하지만 2000년에 4.4% 수준이던 사회지출 규모가 20년이 지난 2019년 기준 12.2%로 증가했다. 이제 도움을 필요로 하는 사람을 중심으로 복지정책이 준비할 시기가 되었다.

생애주기에 따라 「아동복지법」은 만 18세 미만을 대상으로 한다. 또 「청소년 복지지원법」은 9~24세인 사람의 복지증진을 목표로 한다. 「노인복지법」도 있다. 사회복지정책이 비어있는 새로운 사각지대로 청년과 중장년층을 위한 복지지원에 대한 관심 또한 높아지고 있다.

은둔자의 사회통합을 위해서는 사회적 활력이 낮아진 청년들이 자립하기 위해 필요한 도움을 받으면서도 또 다른 청년들과 어울려 건강한 민주시민으로 자리 잡을 수 있는 여건을 마련해야 한다. 중장년 은둔자라면 서로 어울릴 수 있도록 하는 대화의 장을 마련해야 한다.

    은둔형 외톨이 지원 법안이 발의되었다. 이 법안의 필요성을 적극 지지하지만 몇 가지 우려가 있다. 은둔자를 특정 기준을 가지고 '은둔형 외톨이'로 정의하는 것을 자칫 그들을 사회구성원들과 분리함으로써 낙인감을 느끼게 하거나 은둔자와 비은둔자 간의 새로운 심리적 갈등을 유발할 수 있다.

    또한 기준에 부합하지 못하는 은둔자를 놓칠 수도 있다. 고립에 대응하는 새로운 복지정책이라면 은둔 경험과 상관없이 다른 사람들과 어울릴 수 있도록 도움으로써 사회적 관계의 부족분을 채울 수 있는 여건을 조성해 나가야 한다.

공공갈등 해소방안

대한민국은 극도의 갈등사회다. 헌법에 '민주공화국'이 아니라 '갈등공화국'이라고 해야 할 판이다. 문제는 이러한 갈등의 여파가 세대 간, 성별 간, 계층적 이념 간 갈등 등으로 범위를 확산하면서 이질집단에 대한 반감이 위험수위를 넘나드는 등 사회의 건전한 발전을 저해하는 요인이 되고 있다는 점이다.

다양한 갈등을 우리보다 먼저 경험한 선진국들은 시스템부터 개선했다. 공공갈등위원회를 통해 갈등관리 과정을 모든 국책사업에 적용하고 이해당사자의 참여를 보장하는 것이다. 위원회는 중립적인 제3자 역할을 하며 조정과 중재의 권고안을 만들고 이를 통해 합의된 결과물을 도출하고 있다.

'한국사회의 공공갈등 사례를 통해 본 조정(mediation), 참여형 갈등관리, 예방적(prevention) 접근의 활용과 해외시스템 연구'를 하고 있는 동아대 김대중 교수는 '선진국들은 참여적 의사결정으로 공공적 갈등을 해소하지만 한국은 여전히 갈등을 찬성과 반대, 긍정과 부정의 이분법적 해결을 하려는 경향이 있다'며 초기 단계부터 사업 진행 방향을 전문가, 정부, 사업자, 주민 및 이해 당사자들이 의견을 함께 공유해 사업을 완성하는 시스템이 필요하다고 한다.

프랑스는 1997년 환경개발부 산하에 '국가공공토론위원회'를 만든 뒤 2002년 국가행정기관으로 발족시켰다. 국가공공토론위원회는 정부가 시행하는 대규모 건설사업, 환경정책, 시설 사업에 시민들의 의견을 적극적으로 반영한다. 특히 주민들의 참여를 기반으로 한 공공토론이 이루어진다.

지난 2007년 프랑스 남부 대도시 툴루즈를 우회하는 유료 고속도로 건설과정에서 불거졌던 갈등이 이러한 공공토론을 통해 해결되었다. 모든 사업계획을 주민들에게 미리 투명하게 공지한 뒤 총 16번의 공청회를 거쳐 새 우회도로 건설보다는 다른 도로 보완이 필요하다는 의견이 우세하자 프랑스 정부가 이를 반영하면서 문제는 일단락되었다.

영국은 정책 과정 초기부터 시민과 정책 이해 당사자들의 협의를 거치는 협의(consultation)와 개입제도(engagement)를 시행하고 있다. 법적 구속력을 통한 갈등 관리보다는 내부행정규칙을 통해 공공갈등의 예방과 조정에 노력하고 있다. 서면협의, 공공참여, 공공개입 등으로 이루어지는 '시민협의제도'가 대표적이다. 이 제도에 참여를 원하는 시민들은 누구나 국가정책이슈 사이트를 통해 참여할 수 있다.

미국은 하버드 로스쿨의 프랑크 샌더 교수가 1976년 발표한 '대안적 분쟁해결(ADR: Alternative Dispute Resolution)' 운동이 갈등관리제도의 시작점으로 평가되고 있다. 전통적인 법원소송의 비효율과 고비용을 개선하기 위해 조정, 중재(arbitration), 협상(negotiation) 등의 대체적 분쟁해결제도를 제시했다.

ADR은 이후 1980년대 미연방과 주정부가 적극적으로 확산시키고 1990년대에 「협상규칙 제정법」과 「행정분쟁 해결법」 등을 통해 제도화된 뒤 최근까지 발전하면서 분쟁 해결 기제로 작용하고 있다. 대표사례는 2009년 연방정부, 주정부, 지방정부, 주민, 환경기관 등 다수의 갈등이 얽혀 있던 캘리포니아주 송전 선로 건설사업이다. 송전 선로 결과지 선정에 가장 예민한 갈등 포인트였는데 캘리포니아주는 미리 경과지를 선정한 뒤 주민의 동의 여부를 묻지 않고 사업계획 구체화 단계에서 주민 및 이해 관계자들을 참여시켜 의견을 수렴해 대안을 도출했다.

한국은 사회민주화에 따른 기본적인 권리나 지역사회에 이권, 환경 등 기본적인 인간생활의 문제, 급진, 단기적이거나 혹은 이해관계 갈등이었다. 그러나 최근 보수와 진보의 갈등에서처럼 만성적이고도 가치 갈등이 첨예화되어 있는 사례가 늘고 있다.

결국, 기본적인 것은 사회갈등을 해소하는 절차가 필요하다. 이슈와 관련된 제반 문제를 공공시민사회에 투명하게 공개하고 이를 바탕으로 근본적인 해결책을 모색하고 제도적인 장치가 필요하다.

우리나라는 서구의 합리적 공공갈등 관리방안을 국내에 적용하되 한국인의 특성에 맞는 적정 모델을 찾는 과정이 필요하다. 대안적 분쟁해결(ADR) 기제인 조정과 참여형 공공갈등 관리방안으로 숙의 민주주의 및 공론조사를 한국에 적용하는 것도 중요하지만 한국은 적절한 지방분권도 필수적이다.

먼저 갈등조정의 핵심 키워드를 조정, 예방적 갈등관리, 참여적 갈등관리, 지방분권적으로 열게 했다. 한국은 공공 인프라를 완전히 건설한 다음에 논쟁거리가 되고 해결 여부를 고민하는데 유럽은 인프라를 건설할 당시부터 전문가, 이해 당사자들이 다 모여 최소 6개월에서 최대 2년을 공부한다. 이것이 참여형 갈등 관리이며 숙의 민주주의의 한 형태다. 사전에 갈등이 예상되는 공공사업을 진행할 때 향후 사업 진행 시 있을 수 있는 가능한 모든 상황을 고려하고 실무위원회를 만들어 갈등의 등급을 미리 결정하는 것이다.

한국인의 감정의 골은 굉장히 크지만 중앙정부나 관에 대한 신뢰도는 높은 민족이다. 갈등 해소에 있어 중앙정부의 조직화된 역할이 상당히 중요하고 동시에 결정적인 순간에 지방정부에 위임해 균형을 잘 맞추는 것이 한국형 갈등관리의 핵심이다.

빼기의 철학가 소크라테스

미켈란젤로(1475~1564)는 3년 동안 아름다운 다비드상을 만들기 위해 신체 이외의 것들을 전부 제거했다. 바로 소크라테스(BC 470년경~BC 390년경)의 스타일인 '빼기의 철학' 이다.

스티브 잡스(1955~2011)는 어떤가. 11년 만에 돌아온 애플에서 제일 먼저 한 일은 20가지가 넘는 제품군을 4가지로 축소한 것이었다. 잡스는 나이키의 최고 경영자에게 컨설팅할 때도 쓰레기는 다 버리고 최고의 제품에만 집중하라고 조언했다. 결국 선택지가 많다는 것은 장점이 아니라 부담이라는 것이다.

"소크라테스rk 태어날 때 그는 울었고 세상은 기뻐했다. 그가 죽을 때 그는 기뻐했고 세상은 울었다"라는 문장은 해학과 성찰을 동시에 던진다. 소크라테스의 죽음은 자신의 로고스를 따르는 것이었다. 죽음 앞에서 초연할 수 있는 사람은 드물다. 다만 자신의 신념과 철학이 강한 사람은 죽음마저도 초월한다.

사실 소크라테스는 말(logos)과 삶(bios)이 일치해야 한다는 비판적 태도의 모범을 보여주었다. 그럼으로써 아테네 사람들의 삶과 공동체의 안녕과 번영에 기여했다. 소크라테스에게 이성과 실천, 말과 행동은 하나였다. 소크라테스를 닮고자 한 인물은 세네카였다.

 탈진실, 개소리가 난무하는 시대에 소크라테스 스타일은 매우 긴요하다. 소크라테스의 사유 방식은 개소리와 가짜 뉴스가 판을 치는 세상을 깨우친다. 누구든 진리에 도달하려면 억견, 궤변, 편견 등을 하나씩 제거해 나가야 한다. 지식과 왜곡된 신념, 숱한 오해와 편견 그리고 황당한 미신과 궤변, 터무니없는 가짜 뉴스가 홍수처럼 범람하고 있다.

 포퓰리스트는 거짓말을 식은 죽 먹듯이 하고 각종 종교적, 경제적, 사회적 이익집단은 이데올로기화 돼 대중을 기만, 선동하고 있다.

 소크라테스는 50세 전까지 석공일을 했다. 가업을 이어받은 것이다. 소크라테스가 어렸을 때 그의 아버지는 며칠이 걸리는 델포이 신전에까지 가서 아들의 미래를 신탁했다. 소크라테스가 공부를 해도 되는지, 교육의 차원에서 물어본 것이다. 소크라테스는 어렸을 때 가난해서 교육과는 거리가 멀었다. 그러자 친구인 크리톤이 소크라테스가 공부할 수 있도록 물심양면으로 도왔다.

 소크라테스는 전쟁에 참전했고 늦은 나이에 결혼했다. 소크라테스는 친구의 딸과 두 번째 결혼했다. 27년이나 지속된 펠레폰네소스 전쟁으로 고대 그리스에 과부가 많이 생겼기 때문이다.

 소크라테스의 빼기의 철학은 기독교의 사랑, 불교의 무나 공, 도가의 도를 연상케 한다. 동서고금의 모든 도덕적, 종교적 교훈과 수행, 수련의 공통점은 자신의 사유와 삶에서 '빼기의 철학'을 고수하는 데 있다. 소크라테스는 논박을 통해 우선 상대가 논리적 모순에서 벗어날 수 있게, 다시 말해 경건, 절제, 용기, 아름다움, 정의와 같은 미덕들에 대해 편견과 억견을 버릴 수 있게 하려고 혼신의 힘을 다했다. 그 결과 아테네 사람들이 진실하고 아름다운 윤리적 삶을 살게 함으로써 진리와 정의가 바로 선 이상적인 도시 국가로 변화시키려고 했다.

소크라테스의 빼기의 철학은 「내적으로는 안락과 사치 및 과시를 추구하는 인간의 원초적 욕망에 불복종하고 외적으로는 소비물질주의를 강요하는 후기 자본주의 해체의 부당한 요구에 불복종하는 것」이다.

'역사란 미래에 울려 퍼지는 과거의 메아리다.'

— 빅토르 위고

장 자크 루소 이야기
―자유가 무엇보다 자신에게 가장 중요하다

    스위스의 가난한 시계공의 아들로 태어나자마자 어머니를 여의고 아버지에게도 버림받아 친척 집에 통역사 등의 하류 직업을 전전하다가 어느 연상녀 덕분에 독서를 한 탓에 인류 역사상 가장 독창적인 사상가가 되었다는 이야기를 믿을 수 있는가.

    그가 바로 장 자크 루소(Jeam, J. Rousseau, 1712~1778)다. 그가 38세라는 늦은 나이에 쓴 최초의 논문 「학문 예술론(1750)」에서 사치와 게으름과 야망에 굶주린 지식인들은 반드시 대중을 타락시킨다고 하면서 권력에 의해 도덕과 윤리를 타락시키고 위선을 조장하며 예술과 과학이 남용되는 사치에 대해 비판한 것이다. 그는 대학은커녕 학교도 안 다닌 무학자였다.

    장 자크 루소는 양심을 '성스러운 본능'이라고 하는 도덕주의자였다. 그러나 그는 5명의 아들을 모두 보육원에 보냈다. 그는 자연종교의 옹호자였으면서도 정치적 편향에 따라 종교를 두 번이나 바꾸었다.

    그 당시 사람들은 그를 향해 온갖 비난을 하고 있으며, 특히 바바리맨의 원조, 여자를 등쳐먹고 평생을 산 사기꾼이라고 하기도 했다. 일반적으로 루소를 민주주의자, 자유주의자, 평등주의자라고 하지만 버트런드 러셀은 히틀러가 루소의 후예라고 말한다.

루소는 흔히 말하는 금수저로 태어나 아무런 갈등 없이 사는 사람들을 경멸하면서도 자신은 세상사를 고민하며 모순에 빠지는 역설적인 삶을 살았다. 그런 모순과 역설을 잘 보여주는 측면이 루소가 아나키스트이자 反아나키스트라고 볼 수 있다. 일반적으로 루소를 아나키스트로 보지는 않지만 루소는 한 사상을 창조한 사람임에는 틀림없다.

인간의 본성이나 인민주권에 관한 루소의 관점은 18세기 프랑스 혁명에 영향을 미쳤다. 그의 사상은 영국의 고드윈, 러시아의 톨스토이, 크로포트킨 같은 아나키스트들에게 엄청난 영향을 미쳤다. 그의 사상은 스페인의 페레를 비롯하여 독일의 칸트 같은 아나키스트들이 아닌 사람들에게도 영향을 주었다.

학문과 예술의 발전은 인간의 도덕적 발전에 전혀 기여하지 못했다고 비판한 「학문 예술론」 「인간 불평등 기원론」에서 루소는 인간은 본래 선하지만 사유 재산을 비롯한 기존 제도들에 의해 타락해 불평등이 초래되었다고 주장했다.

그리스와 근대 사이 지성사 1000년―아랍이 있었다

「지식의 지도」―바이올렛 물러

　라파엘의 명화 「아테네 학당」엔 플라톤, 아리스토텔레스, 유클리드 등 그리스를 대표하는 학자들이 그려져 있다. 고대 열풍이 불었던 16세기 초 르네상스 시대의 지적 풍경을 반영한 결과다.

　유일한 예외는 터번을 쓴 무슬림학자 이븐 루시드다. 루시드는 5세기 중엽부터 약 1000년 동안 번성한 이슬람 문명의 지성을 상징한다. 아랍학자들은 그리스 문명의 성취를 이어받고 이를 반전시켜 인류사에 빛나는 업적을 이룩했다고 생각한다.

　「지식의 지도」를 지은 바리올렛 물러는 지리와 역사를 결합한 독특한 형식을 빌려 인류 지성사에 남긴 이슬람 문명을 추적했다. 풍부한 지식, 생동감 넘치는 문장으로 알렉산드리아, 바그다드, 코르도바, 톨레도, 살레르노, 팔레르모, 베네치아 등을 여행하는 듯한 느낌을 주면서 유클리드, 갈레노스, 프톨레 마이오스 등 고대 과학의 정수가 어떻게 현재까지 이어졌는지를 보여준다.

　500년경 로마제국이 몰락한 이후부터 1500년까지 1000년 동안 유클리드의 「원론」, 프톨레 마이오스의 「알마게스트」, 갈레노스의 「해부학과 약리학」 저술은 아랍학자들 손에 번역되어 보존되고, 각색되고 연구되면서 지중해 전역으로 퍼져 근대의 수학, 천문학, 의학으로 발전하는 토대를 구축한다.

바이올렛 뮬러의 여정은 고대 이집트 알렉산드리아에서 시작된다. 기원전 300년 전경 프톨레 마이오스 1세가 건설한 이 도시는 '도서관 도시'였다. 왕은 도서관 삼각 지붕 아래에 책을 수십만 권 모았고, 이를 연구하고 토론하는 학자들을 지원했다.

생계 걱정 없는 활발한 지적 교류는 뛰어난 성과로 이어지는 법이다. 국가가 학문을 장려한 이 도시에서 도서관 건립 직후엔 유클리드가, 서기 2세기엔 마이오스가 활동하며 각각 고대 수학과 천문학을 집약한 저술을 남겼다. 의술의 도시 페르가몬 출신의 갈레노스도 프톨레 마이오스와 같은 시기에 이곳에 유학해 의학 관련 지식을 쌓고 로마에서 활동하면서 많은 저술을 남겼다.

세 학자의 책은 529년 아테네의 플라톤 아카데미아가 폐쇄되고 학자들은 이 책을 들고 페르시아로 도망칠 때까지 수백 년 동안 로마제국의 지적 중심에 놓였다.

유럽문화가 기독교로 전환하면서 알렉산드리아는 파괴되고 이들의 위업은 사실상 잊혀졌다. 알렉산드리아를 이어 학문의 도시가 된 곳은 바그다드였다.

이슬람은 과학에 호의적이었다. 예언자 무함마드는 '과학을 배우고 가르치는 자를 보는 일보다 좋은 일은 없다'고 가르쳤다. 이를 받들어 칼리파들은 '지혜의 집'에 온 세상 서적 100만 권을 수집한 후 아랍어로 번역하고 때마침 들어온 제지술과 인쇄술을 활용해 퍼트렸다. 아랍은 수학,

천문학, 의학 등 고대 그리스 과학을 보존하고 인도와 중국의 과학 지식과 결합해 이를 크게 발전시켰다.

몽골 군대가 바그다드를 짓밟은 후엔 이베리아반도 이슬람 왕조의 코르도바가 지식의 수도가 되었다. 알람브라 궁전으로 유명한 이 도시엔 우마이야 칼리파 후원 아래 학자들이 구름처럼 모여 유클리드, 프톨레마이오스, 갈레노스의 책을 주해하고 비판하면서 발전시켰다. 마이오니데스와 이븐 루시드는 이 시기를 대표하는 학자다.

1236년 기독교가 코르도바를 정복한 후 그 지적 성과를 이어받은 도시가 톨레도다. 크레모나의 제라르드 이래 톨레도 학자들은 아랍 학문과 과학의 성취를 라틴어로 번역하는 데 열중했다.

비슷한 시기에 이탈리아 남부의 살레르노에선 북아프리카의 아랍어 의학 문헌을, 시칠리아 팔레르모에선 유클리드와 프톨레마이오스의 그리스어 저술을 라틴어로 번역했다. 이들은 그리스-아랍문화와 라틴 유럽 문화를 잇는 다리가 되었다.

바이올렛 뮬러의 여정은 15세기 베네치아에서 끝난다. 지중해 무역을 지배하던 이 해상왕국은 세계의 시장이었다. 이때 보급된 지식의 광범위한 활동으로 16세기 과학혁명에 결정적 역할을 했다.

암흑시대는 없다. 고대 그리스 과학은 아랍 문명을 거쳐 보존되고 변형되고 발전하면서 근대로 이어졌다. 르네상스는 그리스, 로마의 부활이면서 아랍 문명의 위대함에 대한 발전이다. 서구 제국주의자들이 이를 모른 체했던 것은 아마도 오리엔탈리즘 탓일 것이다.

서울은 위대한 도시이다

　세계에서 가장 큰 도심공원은 어디에 있는가, 서울이다. 뉴욕 맨해튼의 상징인 센트럴 파크(3.41㎢), 런던이 자랑하는 하이드 파크(1.46㎢)보다 훨씬 큰 한강 시민공원(8.9㎢)이 한강 남북에서 동서로 이어진다.
　세계에서 가장 많이 찾는 산은 어디 있을까? 역시 서울이다. 1년에 865만 명이 오르는 북한산은 기네스북에도 올라 있다. 서울은 천하제일 강산이다. 서울은 세계적으로나 세계사적으로나 특별한 도시다. 서울은 뉴욕, 도쿄, 베이징, 멕시코시티 등과 함께 세계를 대표하는 메트로폴리탄의 중심이다.
　세계사에서 드물게 500년 이상 존속된 조선 왕조의 역사와 스토리를 곳곳에 간직하면서 한편으로는 모든 가정에 초고속 인터넷이, 지하철에 무료 와이파이가 연결되는 첨단 도시이기도 하다.
　아시아 국가 가운데 최고의 민주주의를 꽃피운 정치의 현장이다. 5G 통신 서비스를 구현하는 미래산업의 시험장이면서 BTS, 블랙핑크를 보기 위해 전 세계의 팬들이 몰려드는 대중문화의 메카이기도 하다.

브라질의 브라질리아처럼 정치와 경제, 문화를 대표하는 도시가 분리된 나라가 있다. 미국의 워싱턴, 뉴욕, 로스앤젤레스가 대표적이다. 중국의 베이징, 상하이, 선전도 각각 정치, 경제, 미래산업을 상징한다.

인도 역시 정치 수도 뉴델리와 뭄바이, 콜카타(옛 캘커타) 같은 경제 중심지가 분리돼 있다. 모두 영토가 큰 대륙 규모의 나라들이다. 우리와 경쟁상대인 나라들은 수도의 기능이 집중돼 있다. 일본의 도쿄, 영국의 런던, 프랑스의 파리도 모두 정치, 경제, 문화의 중심지를 겸한다.

이런 도시들은 전 세계에서 사람이 몰려 집값도 비싸고 교통도 막히지만 천도 얘기는 없다. 오히려 도시 경쟁을 키우는 데 관심을 쏟는다. 도쿄, 런던도 마찬가지다.

수도는 때때로 국가 단위를 넘어서는 공간이다. 모든 길이 로마로 통하던 시대가 있었고, 칭기즈칸 시절 카라코롬에는 전 세계의 인재와 정보가 몰렸다. 근대 이후 패권이 유럽으로 넘어가면서 세계의 수도는 나폴레옹의 파리, 대영제국의 런던을 거쳐 세계 제2차 대전 이후 미국의 워싱턴으로 넘어갔다.

21세기는 동북아시대라고 말한다. 중국 혼자 미국을 따라잡기는 힘들지만 한·중·일 3국의 국내 총생산량(GDP)를 합치면 이미 미국과 유럽연합을 넘는다.

사실상 서울이 동북아의 수도다. 북핵문제가 해결되고, 미북을 포함한 동북아 협력시대가 열리면 우리는 G10을 넘어 G7, G5까지 웅비할 절호의 기회를 잡게 된다. 88올림픽 때의 외침처럼 '서울은 세계로, 세계는 서울로' 시대가 열린다.

사회주의 실험이 가져온 결과

2000년대 초 빠르게 경제 성장을 하던 한 나라가 있었다. 그 나라는 개인의 창의성과 기업의 자율성을 진작했다. 국영기업을 민영화해 자유과 선택을 하게 했다. 만성적 인플레도 크게 줄었다. 천연자원도 풍부한 그 나라의 미래는 유망해 보였다.

그런데 2003년 '저녁이 있는 삶', '모두가 행복한 인생'을 외치는 어느 사회주의 정치인이 등장했다. 그는 표만 많이 얻으면 되는 형식적 민주주의자였다. 그는 노동자의 절대적 지지를 받아 대통령이 되었다. 그는 정의와 공정을 외쳤다. 소득의 재분배를 외쳤다. 언론과 시민단체, 교수, 유명 연예인이 가세했다. 노동자와 빈민 계층, 저소득층은 열광했다.

그는 복지라는 이름으로 정부 지출을 급속히 늘렸다. 최저임금을 대폭 인상했고 다양한 사회복지 프로그램을 만들어 공짜 혜택을 늘려나갔다. 그들은 그것을 사회정의라고 했다. 공무원 수를 크게 늘리고 비정규직을 정규직으로 대거 전환했다. 국영기업의 일자리와 책임자를 정치적 동지들에게 나누어줬다. 그것을 좋은 거버넌스라고 했다. 2008~2015년 정부

지출은 세금 수입보다 4배나 빠르게 증가했다.

이 이야기는 브라질 노동당 출신 루이스 룰라와 후임자 지우마 호세프 대통령의 이야기다. 노동운동가 출신인 룰라는 빈부격차 해소, 공정, 성장, 행복을 외치며 대통령에 당선이 되고 나서 재정을 물 쓰듯 하는 사회주의 특성상 초기에 경제는 반짝 성장했다.

하지만 무상급식, 저소득층 생계비 지원, 지속적 임금인상을 하려고 하니 기업과 가진 자들을 족쳤다. 국가의 성장동력은 꺼져갔다. 국민도 사회수의 단맛에 빠져들며 게을러졌다. 그리고 가난해졌다.

부자가 된 사람도 있었다. 대통령인 룰라와 호세프 그리고 정치적 동지들이었다. 그 후 호세프는 탄핵을 당했고, 룰라는 2016년 징역 12년을 선고받았다. 15년 간의 사회주의 정책은 브라질에 큰 멍을 남겼다. 그 후 브라질 국민들은 사회주의와 엄청난 실수를 한 것을 인식했다. 자유주의를 선택했다.

2018년 자유 우파와 자이르 보우소나루 정권이 등장하면서 브라질은 변하기 시작했다. 정부 지출을 동결하고 세금으로 때우는 정책을 대폭 축소했다. 민간 부문의 자율성을 증대시켰다. 자유 자본주의로 돌아갔다. 그러나 사회주의 폐해를 회복하려면 몇십 년은 더 노력해야 한다.

사회주의는 불평등의 해소라는 명목으로 생산수단의 공유화와 국제 통제를 늘려간다. 불평등의 원인이 사유재산제라 하면서 모든 제도를 규제한다. 국가가 명령한다. 주 52시간만 근무, 최저임금 얼마, 복지수딩 지급 등 모두 국가가 나서고 개인 선택이 없다.

사회주의의 정부 지출은 세금이다. 국가가 언제든지 세금이란 이름으로 뺏어갈 수 있다. 따라서 근로의욕은 상실된다. 국가의 세금 협박은 자유와 성장동력을 파괴한다. 사회에 첫발을 내딛는 젊은이들에게 '경쟁은 죄악이다', '혼자 가면 빨리 가지만 함께 가면 더 멀리 갈 수 있다'는 사회주의 구호는 그야말로 매력적이다.

사회주의가 근본적으로 나쁜 것은 정권의존형 인간을 만들어 인간성을 타락시킨다는 것이다. 달콤한 설탕 발림으로 창의적, 도전정신, 개척정신을 파괴한다. 결론은 명백하다. 공짜로 인간성을 유혹하고 파괴하는 사회주의는 필연적으로 상한다.

브라질은 15년이 걸렸다. 우리는 몇 년이나 필요할까. 국민들이 깨우쳐야 하는데 그게 가능할까.

국민들로부터 존경받는 정치인하면 영국의 대처 총리가 떠오른다. 당시 영국은 우리보다 더한 퍼주기 사회였다. 노조로부터 기득권을 빼앗고 실업수당을 삭감해 욕을 먹었지만 인기에 연연하지 않고 국민을 설득해 '영국병'에서 영국을 구해냈다.

국내 인물로는 도산(島山) 안창호 선생을 꼽는다. 상하이 임시 정부 시절 국무총리 대리로 지냈던 그는 보수와 진보를 초월해 해외에서까지 존경받는 지도자로 정직을 무엇보다도 강조했다.

우리나라는 정치가는 없고 장사꾼만 넘쳐난다. 1/3이 전과자다. 그중엔 살인미수에 성폭행범, 사기 등 전과 18범도 있다.

1020의 보수화—20년 지속되다

　인대남의 출발점은 중2병이다. 중학교 2학년은 특목고 트랙과 일반고 트랙이 결정되는 시기다. 특목고 트랙에 진입하지 못해 집단 좌절을 체감한 남학생들은 주로 게임에 몰두하면서 상실감을 달랜다. 게임 커뮤니티는 대부분 남초 커뮤니티다. 남자끼리 모인 공간에서 여성들한테 당하고 산다는 열등감과 결합한 증오가 '여혐'으로 표출되며 한국형 마초들이 태어난다.

　일반적으로 마초는 여성을 무시하고 남성이 우월하다고 믿는 부류인데 한국에선 정반대다. 과거 유럽 청년들이 외국인 노동자, 난민에 대한 혐오 속에 극우적 성향을 띠게 됐다면 오늘날 일부 10대는 여혐을 바탕으로 '청년판 태극기'로 변했다. '외국인' 대신 '여성'을 대입하면 한국과 유럽의 정치지형이 사실상 같은 담론구조를 가진 셈이다.

　10대 청소년이 대학에 진학할 땐 이미 '완성형 여혐'을 드러낸다. 책과 담을 쌓고 게임에 빠진 학생들은 대부분 일반고 트랙에 갇힌 아이들이었다. 게임 커뮤니티에 여혐을 체화한 이들은 부모를 향해 "엄마도 페미니

스트야"라고 쏘아붙인다.

가정에서도 진보성향의 40~50대 엄마와 10대 마초가 충돌하는 것이다. '이생망(이번 생은 망했다)'이라는 신조어를 만든 게 중학생이라는 사실은 우연이 아니다.

중2병은 '실체 없는 사춘기의 방황'이 아니다. '좌절한 일반고 무리'에서 생기는 구조적, 집단적 증상이다. 여혐은 중학교 때부터 몇 년에 걸쳐 다듬어진 '문화적 취향'이기 때문에 한순간에 바뀌기 어렵다.

10,20대 남성의 극우화는 최소 20년 이상 계속될 것이다. 이대남 현상의 근본 원인은 교육구조와 노동시장 관리에 실패한 '한국 자본주의'다.

중2병을 치유하기 위해서는 중학생 대상의 교육 프로그램이 있어야 한다. 문화적 다양성을 체화해 증오의 에너지를 생산적인 곳에 투입할 수 있도록 신경 써야 한다.

한국진보는 집권을 위한 이익 집단으로 전락했다.

3부

장수는 축복인가 저주인가

백세시대
― 마음의 시계다

　1979년 9월 어느 날 미국의 어느 한적한 시골 마을에 도착한 70～80대 노인 8명은 재미있는 경험을 한다. 20년 전으로 돌아간 것처럼 1959년 풍경으로 꾸며진 집에서 노인들은 미국 최초의 인공위성이 발사되는 장면을 흑백 TV로 지켜보고 라디오에서 흘러나오는 가수의 노래를 들었다. 또한 거동이 불편하여 설거지, 청소 등에 대하여 가족이나 간병인의 도움 없이 스스로 하여 1959년에 살고 있는 것처럼 일주일을 지냈다.
　하버드대 심리학과 앨런 랭어 교수의 『마음의 시계(counter clock wise)』라는 책에 소개된 실험이었다. 랭어 교수는 실험을 통해 놀라운 결과를 발표하였는데 어르신들의 생체 나이도 실제로 젊어지게 되었다는 사실이다. 노인들은 시력, 청력, 악력, 인지기능, 지능 등에서 실제 나이 50대 수준으로 향상되었다. 실험 참가자들은 허리가 꼿꼿하게 펴지는 경험을 한 노인도 있었다. 이 실험을 통해 젊은 시절의 환경과 생각으로 사는 것이 얼마나 중요한 것인지 알 수 있었다. 우리가 생각하는 나이의 고정관념만으로도 노화의 속도를 늦추고 젊어질 수 있다는 것이다.

초고령사회 대응전략

　우리나라 통계청의 인구 예측에 따르면 2044년에는 우리나라 고령화율이 36.7%로 일본의 36.5%를 추월하여 세계 최고가 된다.
　인구구조의 변화는 생산인구의 감소를 초래하여 소득과 소비를 위축시키고 이는 저성장을 고착화할 가능성이 있다. 또 연금, 복지, 의료, 돌봄 등의 비용이 증가한다. 따라서 초고령사회의 대응 방안은 임금체계의 개편, 정년연장, 노인연령 상향이 핵심이다.
　여기에서 서로 물리고 물리는 사회현상은 임금구조 개편 없는 정년연장은 기업부담으로 이어져 정년연장을 어렵게 하고 정년연장 없는 노인연령 상향은 소득 단절 구간만 확대한다.
　우선 노동자의 임금구성을 변경시켜야 한다. 임금은 생활급＋직급급＋성과급 체계로 구성된다. 생활급은 나이에 따라 받는 정액 봉급이다. 이는 사장이나 막내 사원이나 같은 나이이면 동일하게 받는 급여를 말한다. 직급급이란 직급에 따라 주어진 업무의 차이를 반영한 정액급이다. 성과급은 같은 지급이라도 성과에 따라 차등으로 지급되는 급여이다.

여기에서 생활급여는 40대 후반에 최대치가 되고 이후 체감하는 것으로 설계되어야 한다. 이와 같은 급여체계를 바탕으로 정년연장, 정년 후 재고용, 정년폐지 등이 나타난다. 우리나라는 연공서열제의 급여, 승진 체계를 가지고 있다.

노인연령 65세의 기준은 독일의 비스마르크가 1889년 노령연금법에 의한 연금지급 나이를 정한 것이 최초일 것이다. 그 당시 독일의 평균수명은 42세 전후였다. 오늘날 우리는 기대수명이 85세를 초과하고, 건강수명도 72세 정도이다. 또 노인들이 생각하는 노인연령도 71.6세(보건복지부, 2023년)에 이르고 있다.

이런 점을 감안하면 노인연령 상향의 필요성은 긍정적으로 생각된다. 노인의 연령 상향은 단계별로 해야 한다. 필자는 매년 6개월씩 높여 10년 후 70세로 상향하는 것이 바람직하다고 생각한다.

또, 정년과 연금(기초연금 포함)간의 소득단절 구간은 최소화해야 한다. 노인연령 상향으로 소득단절 기간이 길어지면 노인연령 상향결정은 실패할 수 있다. 또 노인 빈곤율이 OECD 국가들에 비해 상당히 높은 상황에서 급여수준 인상 없는 연령 상향은 사회적 저항을 가져올 가능성이 있다. 정년연장은 공공기관이나 대기업이 우선적으로 적용될 가능성이 높다. 따라서 향후 중소기업 퇴직과 자영업 폐업자 등을 위한 노인일자리 확대와 체제전환이 필요하다.

한국 사회가 초고령사회에 진입했다. 65세 이상인 고령자의 비율이 20% 이상이다. 오랫동안 지속된 저출산 기조에 베이비부머들의 은퇴가 더해지면서 고령자의 비율이 날로 높아지고 있다. 어린이 보호구역이 노인 구역으로 바뀌고 아이들 출생의 소리는 듣기 어렵게 되어 있다. 젊은이 못지않게 고령자가 여가 활동과 소비의 주요 계층이 되고 있다.

최근 고독사 문제, 돌봄 문제, 의료비용의 부담, 생산 가능 인구의 감소, 연금 문제 등은 익숙한 주제가 되었다. 반면에 고령자의 삶과 행복의 문제는 그만큼 많은 관심을 받지 않고 있다. 흔히 할아버지, 할머니 형상화 되는 고령자는 인생의 마지막 시기를 소일하거나 자녀들의 안녕을 빌며 삶을 정리하거나 치매나 중풍 질병과 싸우거나, 또는 생계비를 벌기 위해 분투하는 모습으로 그려진다.

　그러나 고령자는 현장에서 여전히 활동 중이고, 자기의 삶을 추구하고 있으며, 더 나은 삶을 위해 고심하고 있다. 고령자에 대한 단편적인 시각 대신 고령화와 고령자의 문제를 종합적으로 바라볼 필요가 있다.

　따라서 고령화에 따른 심신의 변화에 유의하고 그의 대응을 모색하는 것이 중요하다. 특히 심리학적인 측면에서 보면 나이 등에 따라 가족구조, 생활환경, 사회적 역할 등이 달라진다. 심리적 기능, 관심사인 걱정거리, 미래에 대한 관점 등에서도 변화가 일어난다.

　고령자와 관련된 실제적 문제는 인지장애(치매)는 고령자가 두려워하는 장애인데 여러 심리적 요인도 관련된다. 또 고령자에게도 우울증과 불안증도 삶의 질을 떨어뜨리는 주요 문제이다. 비중 있는 인구집단이 된 고령자를 대상으로 하는 산업분야, 소비자 마케팅도 관심사가 되고 있다.

　성공적인 고령화는 개인, 사회 모두에게 중요하다. 고령자의 삶의 만족은 가족을 포함한 공동체 구성원의 삶에도 긍정적이기 때문이다. 고령자에게는 재산, 건강이 매우 중요하지만 긴밀한 사회적 관계도 더 중요하다. 일과 배움에 적극적으로 참여하는 것도 고령자의 자존심과 긍정적 태도에 큰 역할을 한다.

사회복지정책의 성격에 대하여

역사적으로 볼 때 서구에서 국가가 사회적 약자의 인간다운 삶 즉 복지에 관심을 갖고 개입하기 시작하면서 '사회복지정책(social welfare policy)'라는 용어가 사용되었다. 그러니까 사회복지정책은 휴머니즘(Humanism)에 대한 사회공동체의 열망으로부터 등장했다.

그런데 사회적 약자뿐만 아니라 일반 시민의 복지를 위한 보편적 사회보장제도가 등장하였다. 미국에서는 실제로 사회복지정책(social welfare policy), 유럽에서는 사회정책(social policy)으로 쓰고 있는데 선구적인 세 학자인 티트머스, 타운센트, 마샬의 사회복지정책을 정의하면 '일정 수준의 본질적 및 사회적 욕구의 충족을 위하여(R. M. Titmuss)', '사회문제의 해결(P. Townsend)을 위하여', '서비스 혹은 소득을 제공함으로써 사람들의 복지에 직접적인 영향을 미치는 정부의 정책(T. H. Marshall)'을 일컫는다.

위 정의에서 핵심 개념은 '욕구와 사회문제' 그리고 '복지' 이다. 간략히 정의한다면 "사회복지정책의 주된 대상이 욕구를 시장에서 충족하지 못하거나 충족시킬 수 없는 사회적 약자(T. H. Marshall)"인데 복지국가의 발전과 함께 국민을 위한 사회정책을 발전시켰다.

대부분의 학자들은 사회복지정책의 기본 영역으로 소득보장, 대인사회서비스, 보건의료, 교육, 주거, 고용 서비스다. 이 분야는 인간다운 삶을 영위하기 위해 필요한 욕구충족과 연관되는 분야다.

사회복지 정책의 핵심 개념이 복지인 것은 확실하지만 실제적으로는 기업의 투자와 성장이 없이 실업과 빈곤의 문제를 해결할 수 없다. 사회복지 정책의 큰 틀 안에서 다른 정책들과 유의미하게 연계되고 있다. 무엇보다 사회복지 정책은 자연의 결정이 나라의 경제상황과 경제정책 결정에 크게 의존한다.

사회복지 정책은 정치과정의 산물이다. 따라서 다양한 이념을 지향하는 정당들과 정치인, 정책 관료, 이익집단, 유권자들의 정치적 역학관계와 정책창출 역할에 깊은 관심을 가져야 한다. 아울러 정책 결정뿐만 아니라 정책집행의 관료적 역할에 대해서도 유의할 필요가 있다.

공공성과 복지

공공성을 바라보는 시각에는 동양과 서양의 차이가 있다. 동양적 사고는 사람과 사람 사이의 단절과 분리를 바람직하지 않은 것(私)으로 본다. 타자와 소통하고 연결되어 함께 공생을 추구하는 것을 공(公)이라 했다.

공자는 공공성을 인간 삶에서 균(均)과 안(安)으로 규정했다. 현대 경제학 용어로는 균은 평등을 의미하고, 안은 조화에 대응하는데 이것이 실현되는 이상사회를 대동세계라 불렀다.

사회복지의 확대과정에서 공공성이라는 문제는 크게 두 가지로 연결된다. 첫째는 현재의 복지수준에 대한 어떤 욕구와 생각을 가지고 있는가이고, 둘째는 복지를 확대해야 한다고 했을 때 소요비용을 누가 부담할 것인가에 대한 문제다.

OECD 국가에서는 40대 중반까지 행복감이 감소하다가 중년 이후에 회복해 노년에 이르기까지 유지된다는 것이다. 그러나 우리나라에서는 행복감이 20대에 최고점을 찍고 이후 생을 마감할 때까지 떨어지고 있다.

진보세력들은 대한민국 건국의 아버지들과 6.25전쟁 영웅과 산업화주도 세력에 대하여 걸핏하면 친일의 모자를 씌워 청산하고 궤멸해야 할 대상으로 몰고 가곤 했다. 현충원에 묻힌 호국영령 중에서 친일인사를 골라 부관참시하겠다고 한다.

보수진영은 두 가지 실패를 했다.

하나는 진보진영에 대한 무지와 무시이고, 다른 하나는 보수의 자기 정체성에 대한 자가의 상실이다. 보수세력들은 진보세력이 무능한 데다 비판만 일삼는 아마추어들이라서 언젠가 스스로 무너지고 말 것이라는 근거 없는 믿음을 버리지 않고 있다.

한편, 진보세력은 보수를 친일과 반공의 유산에 물든 구시대의 잔재로 보고 청산해야 할 적폐세력으로 치부한다. 보수세력에 대한 일반적인 평가는 무너져가는 권위를 잡으려 하면 '적폐'가 되고 자리에 연연하면 보신주의가 되며 기득권을 지키려 하고 '꼰대'가 된다.

품격 있는 사회

17세기 영국의 철학자 토마스 홉스(Thomas Hobbes)는 그의 유명한 저작 『리바이어던(1651)』에서 "인간은 각자 자유롭고 평등한 존재이기 때문에 생존을 위해서는 무엇이든지 할 수 있는 '자연권'을 가지고 있다"고 했다. 그러나 각자가 모두 그러한 권리를 무한히 추구하면 결과적으로 '만인의 만인에 대한 싸움'이라는 야생의 자연상태가 되고, 이러한 무자비한 투쟁상태에서 인간은 엄청난 고통과 해악을 겪을 수밖에 없게 된다.

따라서 그는 인간을 보호하기 위하여 '사회 계약'에 입각한 강력한 국가 즉 '리바이어던'을 통해 이런 상황을 극복해야 한다고 하였다. 여기에서 그는 "사람은 사람에게 늑대이다(Homo Homni Lupus)"라는 라틴어 경구를 제시했다.

각 영역별로 보면 문화는 가슴이고, 과학은 머리이며, 경제는 배, 사회는 팔, 환경은 다리라고 할 수 있다. 문화포용력 대표 브랜드는 K-컬쳐이며 여기에 우리의 고전적 문화를 침잠시켜야 한다.

국가의 흥망성쇠는 무엇으로 결정되는가? 일차적 요인이 제도라고 보고 2차 요인이 문화적 요소이다. 제도가 국가의 하드웨어라면, 문화는 소프트웨어이다. 둘의 결합을 작용하는 국가는 다양한 상호작용으로 운명이 결정된다.

한국 사회의 지속가능성을 위해서는 비교와 경쟁에 찌든 한국인의 마음과 습관을 개선해야 한다. 한국의 문화 중 좋은 것을 되살리는 지도자의 안목이 있어야 한다. 그래야 21세기를 선도하는 글로벌 문명국가가 될 것이다.

"행복한 삶을 살기 위해 가장 중요한 것은 무엇인가"에 미국인들은 신체적·정신적 건강, 인간관계, 재정적 안정 순이라고 한다. 한국인들은 경제적 안정이었고, 건강과 인간관계는 뒤로 밀렸다.

한국은 유교와 자본주의의 장점을 버렸다. 즉 가족 중심주의와 공동체의 유대감을 잃어버린 것이다. 한국인은 자본주의를 받아들이면서 물질주의와 돈을 벌기 위한 노력은 강조했지만, 장점인 자기표현과 개인주의가 사라져 버렸다. 자본주의의 성격적 토대인 윤리성이 없어지고 천민자본주의만 남았다.

한국인은 낮은 자존심, 높은 우울감, 불만감, 낮은 긍정심으로 연결되는 물질중독 사회가 되었다.

베푸는 사회

 우리가 누리는 것 가운데 무엇 하나 자신의 힘만으로 이루어진 것이 하나도 없다. 개인적으로는 부모와 가족, 스승과 친구, 이웃 사람들에게 빚을 졌고, 국가적으로도 오늘의 번영을 가져온 선각자와 조상들, 땀 흘려 일한 산업역군들, 나라를 지킨 전후방 장병들에게 큰 빚을 지고 있다.
 우리나라의 복지체계는 공공의 부담률이 절대적으로 크고 민간 부문은 대부분 기업의 몫이다. 개인들의 자발적인 복지부담은 선진국에 비해 미미한 편이다. 불우한 이웃을 배려하고 따뜻이 보살피는 일에 관한 한 경제 규모가 세계 10위권에 들어있다 해도 아직도 후진성을 벗어나지 못하고 있다.
 주는 것 없이 받는 것만 하는 복지는 없다. 그럼에도 불구하고 우리나라는 국가·지방자치의 혜택을 바라는 복지요구는 날이 갈수록 커져 가고 있다.
 예를 들면, 최저임금을 받지 못하는 비정규직 근로자, 저소득 근로자, 실업자가 넘쳐나는 상황인데도 억대 연봉을 받는 정규직 노동자 등은 끊임없이 임금인상을 요구한다. 대를 이어 고용을 승계시키는 대기업 노동조합원이든 거리에서 방황하는 청년실업자나 노조 근처에도 가보지 못한 영세기업의 일용근로자들에게는 모두 딴 세상의 특권층이다.

저명한 의사 저술가인 폴 투르니에 박사도 '다른 사람에게 주는 것은 곧 자신에게 주는 것'이라고 해석한다. 주는 복, 베푸는 복을 현실로 만드는 일이 무엇보다 필요하다.

노년층의 사회자본

최근 노인문제에 대처하는 대안의 하나로 사회자본이 학계의 조명을 받고 있다. 사회자본은 개인 혹은 집단 간의 네트워크에 내재된 신뢰나 상호 호혜적인 규범과 같은 자원을 일컫는다. 국가나 지역 단위의 사회자본의 수준이 노인문제 감소에 미치는 영향은 다수의 연구를 통해 검증되고 있다.

여기에서는 노인 개인이 인식하는 공식적, 비공식적인 네트워크 및 참여적 수준과 이를 통해 발생하는 신뢰나 호혜성의 가치를 노인의 사회자본이라 한다.

노인의 사회자본을 분석하는 단위는 개인 또는 소규모 집단이지만 노인의 사회자본이 가지는 공공재적 특성을 고려하여 신뢰, 호혜성, 참여와 같은 규범적 가치를 포괄하고 있다. 노인이 인식하는 사회자본은 노인 개인의 신체적, 심리적 변화나 참여적 행동에 영향을 미쳐 노인문제를 감소하는 데 영향을 줄 수 있다.

사회자본은 크게 '구조적 사회자본(structural social capital)'과 '인지적 사회자본(cognitive social capital)'로 유형화하려는 시도가 대표적이다. 구조적 사회자본은 거시적으로 정치적, 경제적, 사회적 구조나 제도부터, 미시적으로는 지역의 기관 혹은 집단 간의 네트워크까지 포괄한다.

인지적 사회자본은 규범, 가치, 태도, 신념, 신뢰 등을 일컫는다. 인지적 사회자본 또한 거버넌스부터 지역의 규범과 가치에 대한 인식과 태도까지 분석단위가 다양하다.

사회자본의 척도는 개인이 인식하는 신뢰, 네트워크, 사회참여, 규범의식 등이었고, 사회자본의 하위 요소인 네트워크는 이웃, 친구, 친인척 그리고 그 밖의 지인들과의 교류였으며, 시민참여는 주민모임, 시민단체 활동, 동호회, 봉사단체, 정당 및 정치단체 그리고 종교단체에의 참여 정도이다.

또 규범의식과 관련된 하위지표는 사회규범, 국민의 의무 이행, 법 집행 관련 개인의 의식주 등이다. 인구학적 변인으로서는 나이, 성별, 결혼, 동거가족의 변수 등이었고, 사회계층척 변인으로서는 학력, 생활수준, 주택소유 등이 있다.

또 주거지역이나 주거형태도 분석대상이다. 우리나라의 경우에도 노년층의 빈곤 문제와 사회생활의 향상을 위해서도 사회자본에 대한 심도 있는 조사연구가 있어야 할 것이다.

노인 평생교육

현재 노인 평생교육을 노인복지관, 경로당, 노인대학(노인교실), 평생학습관, 대학교, 평생교육원, 지역사회문화원 등에서 다양하게 실시하고 있다. 그러나 이들 시설에 대한 관리, 감독 권한이 보건복지부, 교육부, 문화체육관광부, 지자체 등 여러 부처에 흩어져 있고, 시설 설치 및 지원에 관한 법률도 제각각이며 인력 배치나 시설기준 역시 천차만별이다.

'노인교실'의 경우 허가 사항이 아닌 신고 사항이기 때문에 정확한 숫자조차 파악이 안 되고 있다. 2022년 '노인복지시설현황'에 보고된 1,255개는 실존하는 노인대학의 전수가 아니라 지자체에 자발적으로 등록된 노인교실의 숫자에 불과하다. 이와 같은 노인 평생교육 시설에 대한 지원, 관리, 감독, 평가가 체계적이지 못하다 보니 관리 인력, 교육 콘텐츠, 프로그램, 강사 등의 전문성도 없다.

평생교육원 정도만 평생교육 전문 인력인 '평생교육사'를 채용하고 노인복지관에는 사회복지 전문 인력인 '사회복지사'가 해당 사업을 담당하여 그 외는 대부분 자원봉사자나 단순 행정 인력에 의해 사업이 진행되고 있다. 또 평생교육사의 경우에도 노인 평생교육에 필요한 선택 과목인 '노인교육론'을 수강하지 않았고, 사회복지사의 경우에도 '노인복지론' 등을 수강하지 않고 있어 사실상 노인 평생교육에 대한 전문성이 확보되었다고 보기 어렵다.

노인 평생교육 정책은 두 가지 관점이 있다.

첫째, 노인이라는 참여자에 맞춰 노인 복지정책 중 평생교육 정책의 관점으로 접근할 수 있다. 「노인복지법」상 '노인 여가 복지시설'에는 노인복지관, 경로당, 노인교실 등 세 가지 시설이 포함된다.

둘째, 노인 평생교육 정책은 '평생교육'이라고 하는 활동에 초점을 맞춰 평생교육 정책 중 노인을 대상으로 하는 정책의 관점에서 접근할 수 있다.

1987년 정부 조직 개편으로 노인 평생교육 업무가 보건복지부로 이관되었다가 1998년 교육부 업무에 노인 평생교육이 추가되었지만 이미 노인복지관, 노인교실 등 실제 노인 평생교육 현장들이 보건복지부 감독권 아래 머물러 있기 때문에 교육부의 노인 평생교육 정책은 현장이 상실된 문서상의 권한에 불과했다. 그 후 수차례 바뀌면서 문서상의 노인 평생교육 정책 업무마저 교육부에서 사라졌다.

2023년 4월, 평생교육법 개정안이 국회를 통과했다.

개정안은 '노인 평생교육 시설 설치' 등의 조항을 신설하고, 첫째, 국가, 지자체 및 시·도 교육감은 권한 구역 내의 노인을 대상으로 평생교육 프로그램 운영과 평생교육 기회를 제공하기 위하여 노인 평생교육 시설을 설치 또는 지정, 운영할 수 있다.

둘째, 평생교육 기관은 노인의 평생교육 기회를 확대하기 위하여 별도의 노인 평생교육 과정을 설치, 운영할 수 있다.

셋째, 지자체는 노인 평생교육 시설의 운영에 필요한 경비를 예산의 범위 내에서 지원할 수 있다고 하였다. 이로써 노인 평생교육의 프로그램을 운영하는 지원을 받을 수 있는 근거는 마련된 셈이다.

그러나 아직 교육부나 국가 평생교육 진흥원은 노인 평생교육 시설에 관한 기본적인 실태조차 파악하지 못하고 있다. 그래서 현장에서 실현되기에는 아직 갈 길이 멀다. 또 지자체와 시·도 교육관이 각 지역의 노인 평생교육을 활성화하기 위한 정책을 어떻게 협력해 나갈 것인지에 대한 우려도 있다. 그렇다면 초고령사회에서 노인 평생교육을 활성화하기 위하여 정부, 지자체, 실천 현장의 역할은 무엇인가.

첫째, 정부는 노인 평생교육을 지원하기 위한 법적 근거를 공고히 하고 필요한 예산과 인력 지원을 위해 노력해야 한다.

둘째, 지자체는 지역별로 노인평생교육시설 수요에 대한 조사와 지역별 여건과 특성에 맞는 노인평생교육시설에 대한 행정적, 재정적 지원 그리고 평가 및 실질적인 관리 기능을 수행해야 할 것이다. 또 지역별로 네트워크를 구성하여 협력이 이루어질 수 있도록 지원해야 한다.

셋째, 실천 현장에서는 담당 인력 및 강사의 채용 조건 및 보수교육 강화를 통하여 전문성을 확보하고 학습자들의 학습 프로그램의 질이 개선될 수 있도록 해야 한다,

자원봉사 활동이나 사회참여 활동 등의 다양한 출구전략을 개발하여야 한다. 노인 평생교육은 노인을 위한 자기개발 사업과 제도적인 활동이라는 인식이 되어야 할 것이다.

초고령사회 — 소득, 주거, 건강, 문화가 필수다

정부가 2023년 초 발표한 바에 의하면 1.2인 가구가 65%나 되며 특히 1인 가구가 41%, 4인 가구가 17.8%에 불과하다. 젊은이들은 혼자 살아도 사회활동과 인간관계를 유지하는 데 큰 어려움이 없지만 노인의 경우는 다르다.

현재 전체 노인의 35%가 혼자 살고 있으며 여성의 경우는 45%나 된다. 경제적 문제뿐만 아니라 노인들의 독립 의식 등 변화에 따라 나 홀로 노인 가구는 앞으로 계속 늘어날 전망이며 대책이 필요하다.

첫째, 노인 빈곤의 문제이다. 우리나라 노인 10명 중 4명은 상대적 빈곤층이다. 중위소득 절반에도 못 미치는 돈으로 살아가는 노인이 38%로 이는 OECD 평균 13%보다 3배 정도 높은 빈곤율이다. 나이가 많을수록 빈곤율도 높아진다.

노후생활 보장이 주요 수단인 공적연금 수급 비율도 29.3%에 불과해 다른 나라(일본 63.3%, 미국 64.8%)에 크게 못 미친다. 대부분의 노인이 의지해야 할 국민연금도 소득대체율이 42.5%이지만 이는 40년 가입 기간을 전제로 한 것이어서 실제 가입 기간이 18.7년인 점을 감안하면 실질 소득대체율은 22%인 '용돈 연금' 수준이다.

따라서 건강하고 일할 능력이 있는 노인에게는 용돈 연금보다는 최고의 노후대책인 일할 수 있는 기회를 주어야 한다. 이와 함께 노인을 위한 대책을 마련해야 한다.

첫째, 1인 가구를 위한 주택정책을 확대해 나가고 노인 맞춤형 복지주택을 저소득층 노인뿐만 아니라 중산층 노인에게도 공급해야 한다. 혼자된 노인들이 모여 살면 안전, 취미, 여가 활동 등 지역과 노인 특성에 맞는 복지 프로그램을 다양하게 펼칠 수 있고 봉사활동 등 인력 활동에도 도움이 된다.

그리고 일본의 사례에서 보듯이 병원에 입원하는 것보다 재택 치료로 비용을 절감할 수 있는 방법을 찾아 정부와 지자체가 적극 나서야 한다. 고혈압, 당뇨 등의 비대면 진료 확대와 병문 간호도 활성화하면 건강보험 재정에도 크게 도움이 될 것이다.

둘째, 독거노인도 긴밀한 사회적 유대를 유지할 수 있어야 한다. 우리나라 노인 중 5명 중 1명은 사회적 고립을 느끼고 있으며 소득이 낮을수록 그 정도가 심하다. 홀로 사는 노인들이 고독사, 자살 그리고 범죄 대상에 노출되기 쉽다. 이들에 대한 비상 연락망, 신고, 방문상담 등 돌봄시스템을 확대, 강화해야 한다. 이들의 생활 보호는 정부와 지자체가 일차적으로 담당해야겠지만 다양한 민간 참여가 중요하다. 특히 취약계층에 기업과 종교단체가 참여하면 효과가 클 것이다.

끝으로 이제 노인 문제도 빈곤 중심에서 문화의 문제로 나가야 한다. 정부가 해야 할 일, 노인이 스스로 해야 할 일이 있다. 오히려 후자가 중요하다. 변하고 인간관계를 회복하며 긍정적 자세로 노인의 사회적 역할을 다하는 새로운 노인문화를 형성하자.

긴급복지지원제도는 2006년 한시법으로 도입되었지만 2009년 영구법으로 전환되면서 오늘에 이르고 있다. 갑작스런 위기 상황으로 생계유지가 곤란한 저소득층에게 생계, 의료, 주거 지원 등 필요한 복지서비스를 신속하게 지원하여 위기 상황에서 벗어날 수 있도록 돕는 제도이다.

이 제도의 효과적, 효율적 운영의 관건 중 하나는 긴급한 욕구에 대한 신속한 지원이다. 따라서 위기 상황에 처한 사람이나 신고자의 지원요청이 있을 경우 담당 공무원 등이 신속한 현장 확인을 통해 긴급지원 필요성을 판단하여 지체 없이 지원하고 사후 적정성을 심사하는 것, 즉 선지원 후처리를 원칙으로 한다.

촘촘한 사회안전망을 구축하기 위해서는 첫째, 복지 사각지대 발굴지원 시스템의 개선이 필요하다. 정부의 복지 사각지대 발굴지원 시스템에는 1인 가구 중심으로 구축되어 있다 보니 기존 급여 수급자인 경우를 제외하는 한계를 보인다. 화재 신고 119처럼 누구든지 긴급지원 대상자를 발견한 경우 바로 129로 신고할 수 있도록 지속적인 홍보가 필요하다.

둘째, 부양의무자 제도개선이 필요하다. 서울시의 경우 부양의무자제도로 인해 복지혜택을 받지 못하는 일이 없도록 보건복지부 사회보장위원회 심의가 완료되는 즉시 한국 최초로 부양의무제도를 폐지하였다. 저소득 취약 가정을 대상으로 부양의무자가 있더라도 소득과 재산 기준만 충족되면 생계비 등을 지급하게 된다. 2022년부터 부양의무사 세도의 폐지로 인하여 복지 사각지대가 획기적으로 줄어드는 효과가 있을 것이다.

셋째, 돌봄 공백에 빠진 노인, 장애인 등을 대상으로 하는 실질적인 긴급 돌봄 서비스가 필요하다. 이들을 대상으로 가정방문과 같은 긴급 돌봄 서비스를 제공하거나 또는 1:1 대면 교육, 훈련, 돌봄 서비스를 할 수 있어야 한다.

넷째, 사례관리 종합상담시스템이 필요하다. 현행 복지상담이나 지원체계는 복지수요자의 욕구와 사회적 자원을 연결하여 배분하는 서비스 진입 단계로서의 기능을 수행하는 등 한계가 있다. 이는 종합적이고 체계적으로 이루어지고 있지 못하기 때문이다. 그동안 정부에서는 희망복지 지원만을 통한 통합사례 관리를 운영해 오고 있고, 서울시의 경우 찾아가는 동주민센터를 통한 가정방문 활동 등을 실시해 오고 있다.

끝으로 위기 가구가 스스로 긴급 복지제도에 접근하는 데 어려움이 없도록 문턱이 낮아져야 한다. 언제든지 복지담당자에게 접근하여 상담 받을 수 있도록 해야 하고, 사회복지사의 지속적이고 따뜻한 관심이 있어야 할 것이다.

기초, 퇴직, 직역연금 대개혁해야 한다

　연금정책 전문가들은 최근 기대여명이 늘어났고, 저출생 고령화로 인구구조가 악화된 만큼 국민연금을 기초연금, 퇴직연금 등과 연계해 노후소득을 보장하고, 재정 안정을 확보하기 위해 추가개혁이 필요하다고 말한다.
　구조개혁은 다층구조화인데 구조개혁을 할 수 있는 청사진을 그려놓고 점진적으로 단계를 밟아야 한다. 현 국민연금구조(보험료율 9%, 소득대체율 40%)를 유지할 경우 연금부채가 총 2,331조 원이 쌓이게 되니까 모수개혁에 여야가 합의를 했다.
　그래서 다층연금 설계를 위한 구조개혁이 시급하다. 연금보장성을 논의할 때 가장 큰 한계점이 국민연금(평균소득자 기준) 만으로 급여 적정성을 따지는 것인데 지금 현실과는 동떨어진 접근법이다.
　국민연금 단일제도로만 설계하면 노후 소득보장이 어렵다는 한계를 인정해야 한다. 결국 국민연금 가입기간을 늘리는 방식으로 보장성을 확대해야 한다. 노후소득 보장이 가장 절실한 하위계층 노인들을 위해 기초연금 지급대상은 줄이고 금액을 늘리는 방향으로 재설계해야 한다.

현재, 기초연금은 65세 이상 소득 하위 70% 이하에게 월 최대 34만원(2025년 기준액)씩 정액급여로 주는데 가파른 고령화 탓에 재정부담이 커질 수밖에 없다. 이에 대신 지급대상을 소득 하위 70% 이하에서 점진적으로 줄이고 금액을 늘려 두텁게 지원해야 한다.

직역연금도 손봐야 한다. 공무원 연금 적립금은 이미 고갈되었지만 고령화 탓에 퇴직공무원 수가 늘어나면서 국고 지원금이 2025년 10조 원이 넘었다. 군인연금도 1977년에 기금이 고갈되었다. 사학연금도 2040년 후반이면 소진돼 국고 투입이 불가피하다.

이제 공무원, 국민연금 부채만 1,200조 원이 넘었다. 연금관리를 통합해서 해야 한다. 공무원 연금의 경우 민간기업과 퇴직금을 비슷하게 조정한 후 연금을 똑같이 받는 방식으로 하면 장기적으로 비용을 줄일 수 있다. 또 자동조정장치도 도입을 고려해야 한다. 이는 국민연금 가입자가 줄고 기대수명이 늘 때마다 연금액을 자동조정하는 제도다.

매번 연금개혁을 하지 않고도 연금재정을 안정화 시킬 수 있는 장점이 있다. 이 자동조정장치는 탈정치화 측면에서도 유리하다. 자동조정장치는 모수개혁으로 매년 수치를 조정하지 않고 일종의 공식을 만들 수 있다.

노인연령 기준 상향 한계

선진외국 노인연령 상향 동향

2000년대 접어들면서 대부분의 OECD 선진국들은 노인연령 기준이자 연금수급 연령을 65세에서 67세 이상으로 단계적으로 상향추진 결정했다.

국가	연금 지급연령 조정계획
미국	2027년까지 67세
독일	2027년까지 67세
영국	2028년까지 67세
프랑스	2022년까지 67세
덴마크	2027년까지 67세
그리스	2011~1023 67세
호주	2017~2023 67세
벨기에	2030년까지 67세

국가	연금 지급연령 조정계획
아일랜드	2024~2028 68세
네덜란드	2029년까지 67세
스페인	2027까지 67세
이태리	2018년 67세
폴란드	2020(남) 2040(여) 67세

노인연령 상향조정의 효과

선진국의 경우 전반적으로 노인빈곤율은 큰 변화 없이 65세 이상 고령자의 취업률이 크게 상승한 것으로 나타난다(이용하).

노인빈곤율 악화 가능성

- 우리나라의 경우 노인기준(연금수급 연령)을 당장 67세 이상으로 상향 조정한다면 노인빈곤율이 더 악화될 것으로 우려한다(이용하).
- 그러나 노인 기준연령(연령 수급연령)을 2033년 이후 장기적인 관점에서 점진적으로 상향하는 것을 전제로 한다면 그때 이후에는 국민연금에 충분히 성숙되어 연금수급률이 60% 이상으로 예상된다.

또 점전적으로 정년연장 등 고령자 고용 활성화 정책을 보완 대책으로 병행한다면 '노인빈곤율 악화' 우려는 지나친 기우일 가능성이 있다(이용하).

노인빈곤율 악화 등의 가능성?

노인빈곤율 악화보다는 오히려 장기적으로 복지 증진에 기여할 전망이 있다.

그 이유는 노인연령 기준 상향은 생산가능인구의 증가를 가져와 국민경제의 성장과 소득 상승을 뒷받침한다.

또 노인 기준연령 상향은 국민연금의 추가가입 및 연금액의 증액기회를 부여한다.

다만 이를 위해서는 현재 고정되어 있는 국민연금 가입연령을 지급연령 상향 조정계획이나 정년연장 프로그램에 연동하여 상향 조정하는 등의 대책이 병행되어야 한다. 노인 기준연령 상향은 국민연금 재정기반을 강화하여 근로세대의 부담을 경감시켜 성장잠재력 향상에도 기여할 수 있다.

*소득 관련 노인 기준연령 상향은 장기적, 단계적 접근이 필요하다.

- 연금제도의 성숙도, 고령자의 고용률 및 취업률과 근로소득추세, 노인빈곤 등을 종합적으로 고려해야 한다.
- 공공 교통수단의 요금감면, 할인은 노인복지 서비스에서 적용되는 노인연령 기준은 별개로 상향조정하는 방안도 강구해야 한다.

*정년은 국민연금 지급연령 상향계획에 연동하거나 그보다 조기에 연장하는 방안도 연구해야 한다. 더 중요한 것은 각종 인센티브 및 교육훈련 등을 통한 경제활동 참가 및 생산성 제고하는 것이다.

노인연령 70세로 상향하면

2025.1.25. 국회예산정책처의 '노인연령 상향시 기초연금, 노인 일자리 및 사회활동 지원사업 재정 절감분 추계'에 따르면 '노인연령'을 현행 65세에서 70세로 상향하면 연간 7조원 이상의 재정을 절감할 수 있다는 분석이 나왔다.

다만 실제로 이 같은 조치가 이루어질 경우 기존의 기초연금 등의 혜택을 받고 있던 65~69세의 노인층의 경제생활의 타격이 예상되는 만큼 정년 연장조치도 동반돼야 할 것으로 보인다.

노인연령을 70세로 상향했을 경우 2024년 기준으로 7조 6700억원, 2023년 기준으로 6조 8938억원의 재정 절감이 나타났다. 연간 재정 절감분은 *공익활동형 1,965억원, *사회서비스형 4,658억원, *시장형 사업단 886억원, *시니어인턴십 1080억원 등이었다.

행정안전부에 따르면 2024년 12월 기준 65세 이상 주민등록인구는 1,024만4,500명으로 전체 인구의 20%를 차지했다.

초고령사회 준비를 위하여

일본의 사례를 살펴본다.

일본은 2025년 65세 이상 인구가 3,677만 명으로 총인구의 30%를 차지하며, 노인 5명 중 1명이 75세 이상이 된다. 따라서 일본이 추구해 온 가장 중요한 사회적 변화는 '평생 현역사회'이다.

아베정권 때 연령 무관사회(Ageless society)를 표방하면서 노인이 되어도 은퇴 없이 계속 일할 수 있는 사회구조를 만들었다. 기업들에게 계속 고용, 정년 폐지, 정년 연장 등 선택지를 주었고, 2020년에는 기업이 고령자 취업기회를 70세까지 마련하도록 노력할 의무를 명시하였다.

계속 고용 시 기업의 부담을 줄여주고자 재고용 노동자의 임금을 정부가 보전해 주거나 재고용 대상자의 기준을 신강, 근무 태도 등으로 기업이 선별할 수 있도록 하였다. 그러나 정년 폐지는 기업의 부담 때문에 채택되지 않았다.

또 일본에서는 돌봄과 관련하여 사회보험 방식의 개호보험법을 2000년에 도입하였다. 보험 재정은 국고 50%와 보험료, 본인부담금, 재정안정화 기금 등으로 충당한다. 최근에는 본인부담금을 30%까지 올리고, 소득 수준별로 부담률을 높이고 있다.

우리나라는 장기요양 보험료율은 소득 대비 약 0.9% 수준에 불과하고 서비스 이용 대상 인구는 급격히 증가하고 있어 재정의 지속가능성 문제가 제기되고 있다.

또 노인장기요양보험제도는 대상자 대부분이 기능장애를 가진 만성질환자로 의료와 요양의 통합이 중요함에도 통합이 제대로 되어 있지 못한다. 또, 장기요양 대상이 되기 전 필요한 예방서비스와 서비스 인프라도 부족한 실정이다.

연령통합적 노동시장 구축 필요

연령통합 사회는 사회참여에 있어 연령으로 인한 장벽, 즉 나이로 인한 차별이 없는 사회이다. 일본의 연령 무관사회이며 제2의 인생을 시작하는 사회참여 기회 사회이다.

우리는 연령통합적 노동시장이 만들어져야 한다. 은퇴 후 교육을 통해 제2의 인생을 준비했다면 이들이 연령차별을 받지 않고 참여할 수 있는 연령통합적 노동시장이 만들어져야 한다. 연령통합 노동시장은 임금소득과 노동시간 유연형 고용연장, 직무와 성과 중심의 인사관리, 고용연장시 청년고용과 상생하는 제도적 설계, 더 많은 기업이 계속 고용을 할 수 있도록 정부가 다양한 지원을 해야 한다.

돌봄정책도 75세를 기점으로 노쇠로 인해 의존적일 수 있는데 개인의 삶의 질에 문제가 생기지 않도록 의료-요양-돌봄에 통합적 시스템이 마련되어야 한다. 특히 지역사회를 중심으로 돌봄체계 구축과 재가서비스 강화를 통해 간병 부담을 최소화해야 한다.

또한 돌봄 책임에 대한 본인 책임도 중요하다. 돌봄 대상이 되기 전 예방은 본인을 위해서도 또 시스템의 지속 가능성을 위해서도 필요하다. 영양과 운동을 기반으로 하여 노쇠와 노인성 질환을 예방하는 인프라 확충이 필요하다.

노인 스포츠 활동 인센티브 포인트를 진료비에도 사용할 수 있도록 하고 건강을 위한 운동은 하지 않았을 경우 벌점을 부과하는 방법도 고려할 수 있다.

노인연령 기준 상향과 연령통합 사회를

65세라는 연령은 달력에 의한 기준일 뿐 신체적 기능이나 인지적 능력을 의미하는 것은 아니다. 현재의 노인은 과거의 노인에 비해 더 건강하고 인지기능도 높다. 더욱이 노인들 스스로도 70세 이상이 되어야 노인이라고 생각한다.

따라서 노인연령을 높이는 것은 타당하다. 또 노인들이 생산연령 인구에 포함되면 국가의 재정적 부담을 줄일 수 있고, 사회의 생산성을 높이는 순기능도 있다.

노인기준 연령을 순차적으로 올리되 사회적 변화도 함께 고려되어야 한다. 노인연령을 올리면 연금을 받을 수 있는 연령도 높아지게 되고, 이로 인한 소득 크레바스가 더 커지므로 이를 메울 수 있는 장치가 필요하다. 즉 앞서 언급한 노동시장의 연령통합적 구조 변화와 함께 노인연령 상향이 필요하다. 연령 상향과 함께 기능적 수준을 연령을 보완하는 개념으로 사용할 수 있다.

WHO는 노인의 신체적, 인지적 기능을 나타내는 기능적 연령이라는 개념을 제안하고 있다. 일반적 연령만 아니라 기능적 연령을 보완적 개념으로 적용해 복지제도의 대상자 선별과 노동시장 진입조건을 결정할 수 있다.

이제 세대 간 교류를 통해 세대 간 조화와 공존의 사회를 만드는 세대연대가 되어야 한다. 서구사회가 이미 모든 시대의 참여와 삶의 질을 중요하게 생각하고 있으며 사회구조를 연령통합, 세대통합으로 만들어가고 있다.

노인연령 상향조정 이유

우리나라의 저출산 추세는 매우 심각했다. 1970년에는 100만 명이 출생했고 이후 연도별 출생아 수는 급속하게 줄어들었다.

1975년 87.4만 명, 1980년 86.3만 명, 1985년 65.5만 명, 1990년 65만 명, 1995년 71.5만 명, 2000년 63.5만 명, 2005년 43.5만 명, 2010년 47만 명, 2015년 43.8만 명, 2016년에는 40.6만 명, 2017년 35.8만 명이었다. 2018년 32.7만 명, 2019년 30.3만 명이었다. 매년 전년에 비해 수만 명씩 적게 태어난다.

우리나라의 인구가 그래도 유지되려면 합계 출산율이 2.1명이 되어야 한다. 실제로 합계 출산율이 OECD 저출산 기준선인 1.7명 아래로 떨어진 것은 1985년이었다. 그러니까 40년 전부터 OECD 저출산 기준 상태였다. 그런데 인구위기 선포 등의 대응은커녕 1990년대 중반까지도 가족계획 정책을 시행했고 예산은 122조 원을 쏟아부었다.

마침내 2002년 합계 출산율이 OECD의 초저출산 기준선인 1.3명 아래로 떨어졌고, 이후 지금까지 지속되고 있다. 2018년 합계 출산율은 0.98

명, 2019년에는 0.92명으로 떨어졌다. 2023년에는 0.7명 선이다. 지금까지 이런 나라는 없었다.

　노인연령 기준 우리나라는 65세를 노인으로 정하고 있지만「노인복지법」어디에도 없고 박물관, 공공이용 시설 등을 이용할 시에는 65세 이상이어야 무료 이용 가능하며, 또 노인복지법 제1조의 2항, 제5호에서「노인학대법치」란 보호자에 의한 65세 이상 노인에 대한 노인학대라는 말이 있다. 그리고 노인장기 요양보험법 제2조(정의) 제1호에서 '노인'이란 '65세 이상의 노인 또는 65세 미만의 자로서 치매, 뇌혈관질환 등 대통령령으로 정하는 노인성 질병을 가진 자'로 정의하고 있다.

　1981년 노인복지법 제정 이후 지금까지 노인의 연령 기준을 규정한 법률 조문이 없다는 것은 정부나 국회가 사회적 합의를 도출하려는 공감대 형성을 하지 않았다는 것을 말한다.

　1980년대 독일에서 정해진 노령연금법의 41세, 43세 연령 현실을 지금 대한민국의 2018년 남성 79.7세, 여성 85.7세(전체 82.7세)의 현실을 감안하면 노인연령 65세는 적합하지 않은 것이다.

　2018년 서울시 노인실태 조사에 의하면, 65세 이상의 고령자들이 생각하는 노인의 연령 기준은 72.5세였다.

　박근혜 정부 시기인 2015년 대한노인회가 노인연령에 대한 입장을 내놨다. 대한노인회는 지하철 무임승차가 불거진 2010년이래 노인연령 상향 문제를 반대하였는데 2015년 5월 7일 정기 이사회에서 65세 노인연령을 상향조정하는 안을 만장일치로 통과시켰던 것이다.

　대한노인회는 노인연령을 기존의 65세에서 4년마다 1년씩 늘리는 것과 2년에 1세씩 늘리는 등의 방안을 논의하였으나 앞으로 전문가들의 논의를 통해 최종 방안을 제시하면 이를 수용해 노인들을 적극 설득할 것이라고 말했다(조선일보, 황진수 2015.5.26.).

  이제 노인연령 상향조정을 공론화하고 제도화해야 한다. 노인이 더 길게 일할 수 있도록 함으로써 스스로 100세 시대 노후 준비를 말할 수 있도록 제도화해야 한다. 그래야 복지국가가 지속 가능해진다.

  개인적 노후를 더 길게 준비하고 국민연금 납입기간을 더 늘리도록 제도화하면 연금재정의 고갈 가능성은 낮아지고 노령연금 급여는 커지게 된다. 이렇게 되면 정부의 노인복지 재정부담도 가벼워진다. 결국 경제, 복지, 체제의 지속 가능이 그만큼 높아지게 된다.

  결과적으로 64세인 생산연령 인구를 69세까지 확대하자는 것이다. 5년을 연장하자는 것인데 이는 그만큼 노인의 경제활동 및 사회참여 증대로 이어진다. 이를 통해 우리 경제의 잠재 성장률은 높아지고 노인부양비의 급증추세도 낮아진다. 원래 법적 정년은 60세이고, 15~64세를 생산연령 인구로 잡고 있다.

  65세 이상을 노인 인구로 정하고 있으므로 이 기준에 따라 노인부양비를 추계하면 2019년 20.4%, 2036년 50%, 2050년 77.6%, 2065년 100%가 된다. 그렇다면 다양한 방법을 통해 65세까지 실질적 고용보장을 하는 제도를 도입하면 어떻게 될까.

  이럴 경우 15~69세 생산연령 인구로, 70세 이상을 노인 인구로 설정해서 노년부양비 계산을 할 수 있게 된다. 그러면 노인부양비는 2019년 13.1%, 2028년 20.5%, 2050년 53.5%, 2067년 71.7%로 계산된다. 공식적으로 5년을 더 일할 수 있도록 제도화함으로써 우리 사회의 노인부양 부담을 9~17년 정도 늦춰주는 효과가 나타난다.

  노인연령 기준을 5년만큼 단계적으로 상향 조정해서 노인이 더 길게 일할 수 있도록 함으로써 우리 사회는 노인의 건강증진 효과에 더해 노인에 대한 사회적 차별의식을 개선할 수 있게 된다.

노인연령의 상향을 통해 65~69세 인구를 현금복지 대상에서 제외할 수도 있게 되고, 노인 복지지출을 장수시대에 맞게 조정할 수 있다.

우리나라의 공식 은퇴연령(장년)은 60세인데 2020년 국민연금의 수급 연령은 62세이다. 2년의 차이가 난다. 만약 은퇴연령이 60세로 고정된다면 앞으로 그 간격은 더 벌어질 것이고, 이는 '실생활에 걸친 보편적 복지소득보장'이라는 복지국가의 기본 원리에 어긋난다. 그래서 선진 복지국가들은 은퇴연령과 공적 노인연금의 수급 시점을 맞추려고 노력한다.

노르웨이는 은퇴연령이 67세이다. 독일과 일본은 은퇴연령이 65세인데, 독일은 2027년에 67세로 연장하고, 일본은 장차 70세로 연장하기로 했다. 주요 선진국들은 은퇴연령이 65세 또는 65세 이후인 반면 우리나라는 아직 60세에 머물러 있다. 국민연금 수급연령이 2033년이 되면 65세가 된다. 여기에 대응해 은퇴연령(고용보장시기)을 65세까지 단계적으로 늘리는 전략을 짜야 한다.

기초연금 제도는 2014년 7월부터 20만 원 지급됐고, 문재인 정권인 2018년 9월부터 25만 원으로, 2019년 4월부터 하위 소득 20% 노인에 대해선 월 30만 원으로 상향 조정됐다. 2020년부터 하위 소득 40%까지, 2021년부터 하위 소득 70% 노인에게 월 34만 원이 지급되었다.

2020년 기초연금 재정은 중앙, 지방정부 부담을 합해 17조 원이었는데, 갈수록 커지고 있다. 그럼에도 노후 소득 보장이 제대로 되기에는 기초연금 지급액이 부족하다는 문제 제기가 있다. 이런 경우 문제는 '재정의 지속가능성'이다.

사회적 논의를 통해 기초연금 수급 방안을 고민해야 한다. 특히 기초연금 70세로 상향조정하는 것에는 전제조건이 있다.

첫째는 65~69세 인구 중 기초연금이 제공되지 않아 절대 빈곤에 가까운 상태, 빈곤 상태로 복지 사각지대에 빠진 사람들이 없도록 해야 한다. 이를 위해 노인을 대상으로 하는 국민 기초생활보장 생계급여 수급자 수를 늘려야 한다.

둘째, 근로 능력이 있는 노인들을 위한 일자리 사업과 한국형 실업부조 제도를 내실 있게 추진해야 한다. 지하철 무임승차도 노인연령 상향조정과 관련돼 있다. 이것도 사회적 논의를 통해 수혜 연령 기준을 70세로 높일 수 있다.

다만 이렇게 될 경우 65~69세 인구 중 국민 기초수급자와 상대 빈곤 노인에 대하여는 별도의 공적 복지 교통현금이 지원되어야 할 것이다.

그리고 노인연령을 상향 조정되면 의료나 요양 같은 사회서비스 보장을 못 받는 것이 아닌가 하는 의구심이다. 사회서비스는 현금을 직접 지급하는 기초연금 같은 소득보장제도와 달리 서비스의 필요에 의해 근거를 작동한다. 나이가 65세가 되어서는 필요에 의해 국민건강보험 이용하는 것처럼 이용할 수 있어야 한다. 여기에 나이를 연계하는 것은 옳지가 않다.

또 기존의 노인외래 정액제는 그래도 두어야 된다고 생각한다. 앞으로 국민건강보험의 보장성 확대 조치가 OECD 평균인 80%에 수준까지 확대 추진됨에 따라 법적 본인 부담률도 모든 연령층에서 지금보다 더 낮춰야 할 것이다.

누구라도 의료서비스를 이용해야 하고 나이 구분은 없애야 한다. 따라서 노인 외래 정액제는 노인연령 상향조정과 관계없이 그대로 두어야 한다. 나는 노인연령을 구분해서 복지혜택을 주는 것도 바람직하다고 본다. 예를 들면 65~69세를 전기노인, 70~79세를 노인, 80세 이후를 후기노인으로 분류하여 일자리, 소득보장, 각종 사회서비스 필요 등을 노인 연령대별로 구분할 수 있을 것이다. 그리고 노인복지법에 노인연령을 법제화하여 법령에 따른 노인 보호를 할 수 있어야 한다.

참고문헌

이용하, "경제학적 관점에서 바라본 노인연령 기준", 『한국노인과학학술단체연합회』, 2017.
윤가현, "고령화 시대와 노인의 연령 기준", 『한국노년학연구』 제25권, 2016.
윤민석, "노인복지 관점에서의 노인연령 기준", 『한국노년학연구』 제25권, 2016.
김정현, "고령자의 관점에서 살펴본 노인의 연령 기준", 『한국노년학연구』 제28권, 2019.
조선일보, 대한노인회, "노인연령 기준 높이는 방안 공론회", 2015.05.26.
이상이, "노인연령 상향기준, 어떻게 볼 것인가", 『복지국가 소사이어티』.

스마트폰이 뇌노화 가속화한다

태어날 때 뇌의 무게는 약 400g이다. 2년간 1kg까지 늘어나 18세쯤 1.5kg이 된다. 뇌는 초정밀 시스템이다. 1조 개가 넘는 신경세포는 각각 다른 세포와 결합하는 '시냅스'(신경세포의 신경돌기 말단이 다른 세포와 결합하는 부위)를 갖고 있는데 그 수가 무려 1만 5,000개가 넘는다. 그래서 무게는 2%(신체 전체)에 불과하지만 뇌가 전체 에너지의 20%를 소비한다.

더구나 뇌는 잠자는 동안에도 활동한다. 혹사하면 늙고 낡기 마련이다. 2020년 독일 뮌헨대학교 연구에 따르면 125년간 이뤄진 24,000회 프로체스 경기를 분석한 결과 뇌의 인지능력은 20대 초반 급상승해 35세에 정점을 찍은 뒤 최고 수준을 유지하다 45세 이후 서서히 감소한다.

실제로 인간의 뇌에서 생각과 사고를 담당하는 전두엽(frontal lob)은 50~90세 30%, 정보 입력 창구인 측두엽(hippocampus, 해마)은 20% 줄어든다고 한다.

최근에 기존 통설과 달리 "뇌의 정보처리 속도는 30세에 정점에 오르면 60대에 이르기까지 일정하다"는 연구 결과가 나왔다. 하이델베르크대 연구진에 따르면 10~80세 118만 명을 대상으로 한 하버드대 과학시험을 재분석한 결과 20세 이후 답변이 느려진 것은 뇌의 인지능력이 퇴화한 것이 아니라 반사운동 속도가 느리기 때문이라는 것이다.

오히려 나이가 들수록 실수가 줄었다. 그럼 60세 이상은 어떨까. 끊임없는 뇌 활동을 통해 노화를 억제할 수 있다고 한다.

뉴로 이미지(Neuro Image)에 발표된 논문에 따르면 12명의 20~35세 청년과 16명의 63~78세 노년층을 대상으로 학습한 단어를 기억할 때 뇌 활성화도를 촬영한 결과 청년층과 낮은 성취도를 보인 노년층의 경우 좌측 전전두엽만 활성화됐지만 높은 성취도를 보인 노년층의 경우 좌우전전두엽이 모두 활성화됐다.

결국 노화로 인한 좌측 전전두엽이 기능이 저하돼도 노력하면 우측 전두엽이 좌측 전두엽을 보완할 수 있다는 것이다. 대표적인 뇌노화 방지법으로는 뇌체조, 간헐적 단식, 멍때리기, 모차르트 작품 감상, 채식위주 식단 등이 있다고 한다.

반면 과음과 흡연, 특히 스마트폰은 뇌의 노화를 가속화 한다.

노년을 어떻게 소비할 것인가

미국 워싱턴대학의 라이리 박사는 암에 걸리기 쉬운 종류의 쥐를 2군으로 나누고, A군의 쥐에게는 스트레스를 주고, B군의 쥐에게는 스트레스를 주지 않았더니 스트레스를 받은 군의 92%가 발암했음에 비해 스트레스를 받지 않은 경우는 겨우 7%밖에 발암하지 않았다.

이 연구 외에도 정신적, 심리적으로 편안한 상태에 있는 사람보다 정신적, 심리적 문제가 있는 사람에게 발암률이 훨씬 높게 나타나고 있다.

남보다 높은 지위에 있어 남을 부리고 명령할 권한을 가진 사람이 일찍 늙는다. 남에게 시킬 권리가 확고하다 보니 남 얘기를 듣고, 그 사람의 눈치 볼일이 없다. 그래서 입력장치는 점점 무력해지고 출력장치만 강화되기 쉽다.

이런 사람은 얼굴마저도 경직돼 있다. 말하자면 '경화'를 표현하는 말이고, 경화란 생물학적으로도 늙음의 확실한 징표다.

인생의 가을인 중년기에 접어들면 세월의 빠름을 인식하게 되고 늙는 것에 대한 두려움을 느낀다. 심리학자들은 늙는 것에 대한 두려움을 느낀다. 심리학자들은 노화 불안(aging anxiety)이라고 한다.

노화 불안은 4가지의 구성요소 즉 노인에 대한 부정적 인식, 자신의 외모가 늙어가는 것에 대한 두려움, 노년기에 불행해지는 것에 대한 두려움, 삶의 중요한 것들을 상상할 것에 대한 두려움으로 이루어진다. 따라서 인간은 이것에 대한 방어 전략을 사용한다.

첫째는 '아직은 아니야' 전략이다. "나이는 숫자에 불과하고 인간 수명은 150까지야. 죽음은 저 멀리 있어"라고 생각한다.

둘째는 '난 아니야' 전략이다. 자신은 특별한 예외적 존재라서 늙음과 죽음의 운명이 적용되지 않을 것이라고 믿는다.

셋째는 '신이 나를 구해 줄 거야' 라고 믿는다.

넷째는 늙음과 죽음에 대한 대화를 회피하며 다른 관심사에 주의를 집중한다.

대부분의 사람들은 늙음을 부정적인 것으로 여기며, 나이가 많아질수록 행복도가 낮아질 것이라고 생각한다. 그러나 연구 결과를 종합해 보면 나이가 행복의 그래프는 U자 곡선이다. 치열한 직장생활과 자녀교육에 매달리는 40~50대 중년기에 행복도가 바닥을 찍고 그 이후부터 노년기에 접어들면서 행복도가 증가하는 것으로 나타났다.

미국 스탠포드 대학교 심리학 교수 로라 카스텐슨(Laura Carstensen)은 그 이유를 시간 인식이 삶의 선택에 영향을 미친다는 사회 정서적 선택이론(Socioemotional selectivity theory)을 통해 설명하고 있다. 그녀는 자신에게 얼마나 많은 시간이 남아 있는지를 중요하게 고려한다.

스웨덴의 사회학자인 라스 토른스탐(Lars Tornstam)은 삶의 만족도가 높은 노인들을 대상으로 심층 면접을 통해 그들의 심리학적 특성을 조사해 노년 초월(Gerotranscendence)이라고 지칭했다.

삶의 만족도가 낮은 노인들은 자신과 인생에 대하여 삶의 만족도가 높은 노인들은 자신과 인생에 대하여 새로운 초월적 관점을 발달시키는 심리적 성숙을 나타냈다. 노년 초월은 물질주의적, 합리주의적 세계관에서 우주적이고 초월적인 세계관으로 변화하는 것으로 삶의 만족도를 증가시킬 뿐 아니라 죽음에 대한 불안을 완화한다.

노년 초월은 첫째, 자기 존재와 늙어감의 실존적 상황을 우월적 차원에서 바라보는 것이다.

둘째, 현재의 자기와 과거의 자기를 바라보는 관점이 변화한다. 이기성과 자기 중심성에서 벗어나 자기 경계가 좀 유연해질 뿐만 아니라 자신에게 좀 더 너그러운 태도를 보인다.

자신의 욕구에 초점을 맞추는 이기적인 삶에서 타인을 배려하고 후원하는 이타적인 삶으로 변화하면서 자신의 삶 전체를 그림으로 종합해 인생의 전체성과 일관성에 대한 새로운 감각을 발달시킨다.

셋째, 노년 초월에서는 대인관계를 비롯한 사회적 관계 전반에서 벗어나 진실하고 깊이 있는 관계로 나아가고 사회적 역할과 타인의 인정으로부터 더 자유로운 태도를 지니게 된다. 옳고 그름에 대한 이분법을 초월해 너그러움과 유연함이 증가하여, 후속세대의 행동에 대한 섣부른 판단과 충고를 하지 않는다.

토른스탐에 따르면 모든 노인이 노년 초월에 이르는 것은 아니며 약 20%의 노인들만이 노년 초월 상태에 이른다. 많은 노인늘이 우울과 불안의 고통에 시달리는 것을 가난, 질병, 고독의 결과가 아니라 노년기 성숙 과정이 지연되거나 차단될 결과일 것이다.

노년기는 무상한 몸과 마음의 변화를 지켜보면서 담담히 미소 지을 수 있는 관조적 자세가 필요하다. 티베트의 수행자처럼 의식의 마지막 순간까지 마음에 휘몰아치는 공포와 유혹의 환상들을 맑게 깨어 바라볼 수 있다면 명상수행을 통해 관조의 힘을 길러주어야 할 것이다.

의학의 발달과 함께 인간의 수명도 늘어나고 있다. 우리의 삶을 대개 3기로 구분할 수 있는데, 제1기는 탄생에서 30년 동안 성장하고 교육하는 '성장기', 제2기는 30세부터 60세까지로 직업을 갖고 생활하면서 자녀를 키우는 '사회활동기', 제3기는 약 60세부터 사망시까지 일에서 물러나 새로운 삶을 영위하는 '노년기'다.

최근에는 죽음을 준비하는 시간까지 인생을 어떻게 보낼 것인가가 노년기의 화두다.

2050년 생산가능인구(15~64세) 1/3이 사라진다

우리나라 저출산에 따른 급격한 인구 감소로 아시아의 용에서 추락한 가능성이 커지고 있다. 천연자원도 없고, 자본도 충분하지 않은 상황에서 인적자원까지 부족해지면 당장 재정과 복지는 물론 교육 및 국방 등까지 국정 전 분야에 걸쳐 악영향이 미친다.

인구수 감소=만국병이라는 지적까지 나오는 가운데 이 문제를 방치하면 국내총생산(GDP)이 2050년에는 2022년 대비 28.38%까지 감소할 것으로 보인다.

총인구가 줄어드는 것보다 생산 가능 인구가 줄어드는 비율이 훨씬 큰 이유는 무엇인가. 고령층 인구는 느는 반면 생산할 수 있는 연령대의 인구가 급감하기 때문이다.

우리나라 인구 피라미드 형태는 1950년대에는 '삼각형', 2022년에는 40~60세가 두꺼워지는 '항아리형', 2050년에는 저출산, 고령화로 '역피라미드형'이 될 것이다. 2100년대에는 전연령의 인구가 줄면서 '가늘어지는 방망이형'이 예상된다.

가정에서 돈 버는 사람은 별로 없는데 돈 쓰는 사람만 많으면 가계 경제가 버틸 수 없듯이 국가 경제도 인구가 줄고 특히 생상 가능 인구가 급속도로 감소하면 나라 경제가 버텨낼 방법이 없다. 인구 감소가 결국 '만국병'인 것이다.

인구 감소의 원인은 출산, 양육, 주거, 교육, 노후 등 국민 생활의 모든 주기와 관련되어 있다. 따라서 중장기 마스터플랜을 조속히 만들고 노동, 연금, 교육 등 다양한 분야에서 과감한 개혁이 필요하다.

정부가 마스터플랜을 짠 다음에 분야별로, 단계적으로 저출산, 인구 대책을 실행해야 하는데 대책을 즉흥적으로 발표하는 경우가 많다. 특히 선거철만 되면 표를 의식해 포퓰리즘 저출산, 인구 대책을 쏟아낸다.

또 정부 정책의 콘트롤 타워(사령탑)도 없다. 저출산 고령사회가 있지만 사실상 문제에 대처하기에는 역부족이다. 따라서 기획재정부에 콘트롤 타워를 만들고 권한과 의무를 부여해야 할 것이다.

저출산, 인구 문제에 이민청을 설립해 이민에 의존할 경우 독일 등에서 보는 것처럼 후유증이 상당할 것이다. 이민 문제에 관한 부작용을 막기 위한 철저한 대비가 필요하다.

전문가들은 우리나라가 2020년부터 3년 연속 사망자 수가 출생자 수를 추월하는 Dead Cross를 보인 이유를 찾기 위해서는 먼저 양육 환경부터 살펴야 한다고 말한다.

남녀 간 양육 투입시간이 큰 차이를 보이는 양상이 여전한 상황에서 고소득 여성일수록 장기간 근무를 위해 육아를 외부에 위탁하게 되면서 추가 출산을 꺼린다는 것이다. 이 때문에 현금지원 중심의 현행 정책을 전환하고 외부 위탁을 위한 인력을 확충하는 게 시급하다는 것이다.

대부분의 학자들은 소액의 현금성 지원 대책은 효과가 없다고 말한다.

싱가포르처럼 가사도우미 시장을 외국인에게 개방하는 방안을 고려해야 한다는 것이다.

한국의 저출산, 고령화 문제를 해결하기 위해선 싱가포르, 홍콩처럼 '외국인 가사도우미 대상 특별비자 프로그램'을 확대할 필요가 있다.

또 우리나라 노동시장은 경직되어 있기 때문에 출산과 육아로 직장을 떠난 여성들이 다시 직장에 돌아오기가 쉽지 않다. 결국 양질의 일자리를 만들어야 한다는 것이다.

출산율 – 가족복지가 우선이다

유럽에서는 1880~1920년쯤, 동아시아에서는 1950~1980년 인구가 증가했고, 서아시아와 아프리카에서는 현재도 증가하고 있다. 그러다 사회가 발전하면서 출산율이 감소하며 인구 증가율이 낮아지고 인구 고령화가 시작됐다.

인구구조와 연령구조만 보는 것이 아니라 학력 및 노동력 참여의 구조적 변화도 같이 봐야 한다. 이런 맥락에서 20~64세 인구에 대한 65세 이상 인구수를 보여주는 기존 연령 의존도는 20~64세 연령대의 모든 사람이 일하고 있는 것이 아니며, 일하는 모든 사람의 생산성이 똑같지 않기 때문에 그 유통성이 제한적이다.

생산성은 교육 수준에 따라 크게 좌우되기 때문에 젊은이들의 수가 적더라도 이들의 교육 수준과 생산성이 높은 경우 상쇄될 수 있다. 특히 요즘처럼 기술이 급변하는 상황에서 노동력에 대한 수요는 감소하더라도 그 기술을 관리하는 데 더 높은 역량이 요구되는 점을 고려하면 이런 사실은 더욱 의미가 있다. 아울러 노동 참여율, 특히 여성의 노동 참여율이 의미가 크다.

지금의 인구통계학적 패턴은 도전과 기회를 동시에 제공한다. 1960년대와 1970년대에서 유럽 국가들은 극심한 노동력 부족을 경험했고 이 문제를 해결하기 위해 두 가지 정책적 대안을 검토했다.

일부 국가인 북유럽은 여성의 노동 참여를 늘렸고, 또 다른 국가인 독일어권 국가들은 소위 게스트 노동자라 불리우는 노동 이민자를 유치하고자 했다. 그러나 교육 수준이 매우 낮아 수용 사회에 통합되는 데 심각한 문제가 있었다.

1970년대와 1980년대에 출산율이 보충 출생률 이하로 떨어지기 시작하자 대부분의 유럽 국가들은 가족수당을 늘리고 여성이 일과 육아를 병행하기 쉽게 만드는 방식으로 대응했다.

유럽이 상대적으로 높은 출산율을 달성할 수 있었던 것은 두 가지 가족 지원 모델이 효과가 있었다. 하나는 양성평등 향상에 초점을 맞추고 양질의 무료 보육시설과 가족 친화적인 근무제도입 등 다양한 조치를 통해 일하는 엄마를 지원하는 북유럽 모델이고, 다른 하나는 자녀를 둔 가정에 막대한 재정적 혜택을 제공하고 자녀수에 따라 세율까지 달리하는 등의 친출산적인 프랑스 모델이다.

프랑스에서는 이러한 혜택이 한 세기가 넘도록 제공되어 왔고 사회적 규범으로 자리 잡았다. 가족복지 개선 없이 단기적으로 제공되는 현금지원은 출산율 증가에 도움이 별로 안 되는 것으로 나타났다.

이민 문제의 핵심은 노동시장과 현지 문화에 이주민들이 얼마나 성공적으로 통합하느냐 여부다. 문화적으로 비슷한 국가에서 고학력자가 이민 온 경우에는 성공적으로 통합된 경우가 많았다.

반면 문화적으로 크게 다른 국가에서 온 이민자들의 경우 통합이 성공적이지 못했다. 미국, 인도, 아프리카, 중동 국가들의 인구학적 특징은 아프리카와 중동에서는 인구학적 전환 과정이 아직 완료되지 않았다. 사망률이 다소 낮고 출산율이 다소 높기 때문에 아직도 인구가 증가한다.

한국은 가족복지 향상에 더욱 집중할 필요가 있다. 국내총생산(GDP)과 같은 기존의 경제적 성공의 척도보다는 여가 및 기타 삶의 질을 높이는 요소들을 포함하는 더 넓은 의미의 웰빙에 더 집중해야 한다.

최근 우리는 '좋은 삶의 햇수(Years of a good life)' 라는 새로운 웰빙 지표를 도입했다. 여기에 가족복지도 포함된다면 한국의 젊은 여성과 남성도 아이를 더 많이 낳을 것이다.

비혼, 저출산의 이유와 가족복지

　사회과학에서는 중세와 근대를 구분 짓는 사건으로 산업혁명과 시민혁명을 꼽는다. 산업혁명의 의미는 자연에 의존하던 인간의 생산력이 기계로 이동했다는 점이며, 시민혁명은 세상을 지배하던 권력이 신의 권위를 이어받은 왕과 귀족들에게서 시민으로 이동했다는 데에 의미가 있다.

　행위의 주체가 인간으로 바뀌었다는 사실이 근대를 규정하는 가장 큰 기준이다. 물론 이 전환이 순탄했던 것은 아니다. 자연과 사회를 통제할 수 있다는 인간의 능력에 대해 지나친 믿음은 국가주의 등 전제주의 사상으로 이어졌고, 끝없는 경쟁은 전쟁으로 이어져 개인의 삶이 오히려 사라지는 사태를 맞았다.

　게르만 민족의 중흥이나 대동아 공영권, 자본주의와 공산주의의 체제 경쟁 등이 이 시대의 산물이다. 그런데 스스로의 운명을 결정하기를 원하는 개인들이 등장하면서 이 시대가 마무리된다.

　신이나 자연, 국가와 사상이 개인의 삶을 결정하는 것이 아니라 개인 스스로가 자신의 행위를 규정한다는 것이다.

그렇다면 한국의 경우는 어떤가.

한국의 경우는 이 같은 과정을 외부의 힘에 의해 강제적으로 겪어야 했다. 구한말과 일제강점기를 지나 광복 이후에도 그러한 상황은 이어졌다. 분단과 전쟁, 군사 독재와 민주화 투쟁 등 한국인들은 민족의 독립 이후에도 국가의 수호와 민족중흥의 역사적 사명, 경제 발전과 선진화, 반독재와 민주화 등의 거대한 가치를 위해 살아왔다.

한국에서 개인의 삶에 초점이 맞춰지기 시작한 것은 경제적으로도, 체제적으로도 사회가 안정화되기 시작한 1990년대에 이루었다. X세대 젊은이들의 개인 IMF 외환위기에 잠깐 주목 받았지만 곧 국난 극복에 키워드가 되고 말았다.

세계화와 신자유주의, 정리해고와 비정규직이 일상화된 시대를 살며 틈틈이 미완의 민주주의를 세우는 일까지, 한국의 현대사에서 개인의 삶을 산다는 것은 참으로 어려운 것이었다,

국가와 사회, 회사와 가정을 위해 살면서 우리는 나만의 삶을 꿈꾼다. 그러나 개인으로 산다는 것 역시 쉬운 일은 아니다. 개인은 스스로 자신의 삶을 유지해야 하고, 삶의 의미 또한 찾아야 한다. 신의 뜻과 왕의 명령을 따르면 되었던 과거에는 종류의 어려움이다.

사르트르는 '인간은 자유롭도록 저주받았다' 고 했으며, 그 결과 자유로부터 도피(에리히 프롬)하기에 이르렀다.

현대 한국의 젊은이들이 결혼을 하지 않고 아이를 낳지 않겠다는 이유는 스스로의 선택에 신중하겠다는 것이다. 개인의 삶을 유지하기도 어려운 현실에서 자신의 선택으로 인해 태어날 또 다른 생명이 힘든 삶을 살아가도록 하지는 않겠다는 선택이다. 충분히 합리적이고 이성적이며 자신의 삶을 스스로 결정짓는 주체로서의 사고방식이라 하겠다. 즉 지금 한

국의 비혼과 저출산은 현대적 자기(Self)의 성장과 관계된 현상이다.

제 삶의 주체로 살아가기는 결코 쉬운 일이 아니다. 1960년대 서구의 젊은이들이 마약에 눈을 돌린 것은 신비주의와 살아야 할 의미를 찾는 몸부림이었다. 한국도 사이비 종교와 마약에 손대는 것도 그 원인은 마찬가지다. 그러나 주체로 살아가기 원하는 이들이 많아진다는 것은 좋은 신호다.

첫째, 저출산 대책은 거시적 정책과 미시적 정책이 조화를 이루며 가야 한다. 사회구조에 관한 거시적 정책을 담지 못하고 미시적 정책만 남다 보니 임팩트가 없고 근본적으로 실패할 수밖에 없다. 정책으로 출산율을 높이는 것은 과거에는 가능했을지 몰라도 현대사회에서는 어렵다.

둘째, 미시적 정책의 경우에도 지난 15년간 시행한 정책은 필요충분조건에서 필요 부분만 노력해 왔다. 정책을 도입하는 데 급급하고 대상이나 급여 수준은 낮아서 충분조건이 충족되지 못했다. 필요충분조건이 동시에 충족되어야 하는데 충분조건이 확보되지 못하다 보니 미시적인 정책은 성공하지 못했다.

마지막으로 각 부처에서 만든 정책을 한 곳에 모아 만든 것이 기본계획인데 정책간 유기적 연계가 안 되어 있다. 부처 이기주의, 칸막이 등이 존재하다 보니 정책의 실효성이 낮고, 예산은 투입되지만 국민들의 고통은 변하지 않고 지속돼 출산에 부정적이다.

이들 세 가지 측면에서 나타난 정책의 구조와 내용 그리고 수준의 한계가 저출산 대책의 현주소다. 초저출산 현상을 벗어나기 위해서는 의식주와 연결해 정책을 봐야 한다.

첫째, 신혼부부를 위한 행복주택을 많이 지어 저렴한 금액에 임대하는 등 장기 공공임대주택 정책이 확대되어야 한다.

둘째, 아이를 낳아 잘 기를 수 있도록 재정적 도움이나 일자리 마련이 중요하다.

셋째, 다국적 이민자 유입을 적극 권장해 시민권을 부여하고 다문화 결혼도 사회적으로 수용해야 한다.

네 번째, 출산 후 복직하는 여성에게 고용 보장뿐만 아니라 승진의 기회도 동등하게 하는 제도적 장치가 필요하다. 또 행복하게 해 주기보다는 어떻게 함께 행복할까에 초점을 맞추어야 한다.

'아이는 부모의 행복을 먹고 자란다'는 말처럼 청년세대는 대를 잇는 가난의 연속화를 우려한다. 그러다 보니 자녀에게 충분한 후원을 못하거나 확신이 없으면 아이를 낳지 않겠다는 심리가 있다.

끝으로 너무 부정적인 언론보도를 하는 것보다 긍정적인 접근 방식이 필요하다.

저출산에 대한 또 다른 관점

한국의 저출산 현상은 수십 년 동안 우리가 간절히 원했던 일이었다.

해방 직후 남한의 인구는 1,600만 명이었다. 인구는 폭발적으로 증가해 30여 년 후인 1983년에 남한 인구 4천만 시대가 되었고, 인구 밀도는 세계 3위였다. 사람은 많았고, 집 인프라는 부족했다.

정부가 산아제한 정책을 펴기 시작했다.

동네마다 '덮어놓고 낳다가는 거지꼴 못 면한다'라는 표어가 나왔고, 남아선호사상 때문에 '아들딸 구별 말고 둘만 낳아 잘 기르자'라는 표어, '둘도 많다 하나만 낳자'로 바뀌기도 했다.

그러나 인구 증가는 계속되었고, 2020년 되면서 인구가 줄어들기 시작했고, 다시 인구가 줄어든다고 난리치고 있다. 이 무슨 아이러니인가, 우리는 어디서 왔다가 어디로 가는가.

저출산과 인구 감소를 우려하는 이들은 현재의 상태를 정상이라고 보고 정상이 붕괴되는 것을 우려하지만 원래 비정상은 폭발적인 인구 증가였다.

인구란 환경과 인간의 상호작용에서 그 적정선이 결정되는 것이다. 많은 인구를 부양할 수 있는 지역, 많은 인구를 필요로 하는 곳에서는 아이를 많이 낳았고, 환경 자체가 인구부양력이 떨어지거나 전쟁 등 주변 사회와의 경쟁이 드문 지역에서는 아이를 적게 낳았다.

현대사회가 되면서 식량 증산 기술과 의학의 발달로 인구가 폭증하기 시작했는데 지난 수십 년 동안 한국의 인구 증가는 농경사회의 출산 습관이 이어진 결과였다.

그동안 한국의 산업 구조는 농경에서 2차, 3차, 4차 산업으로 바뀌었다. 격변하는 사회에 적응하기 위해 많은 사람이 경쟁해야만 하는 문화에서 예전과 같은 높은 출산율은 더 이상 기대하기 어렵다.

우리나라가 짧은 시간에 산업화 과정을 겪어서 그렇지 일찍이 산업화 과정을 겪은 나라에선 이런 현상이 이미 나타나고 있었다.

다시 말해 오늘날의 저출산은 인구구조가 정상을 찾아가는 과정이다. 물론 현재의 인구구조가 변화하면서 닥쳐올 혼란은 피할 수 없다. 5,000만의 인구로 유지되던 모든 것이 바뀌고 사라질 수도 있다. 그러나 인구가 폭증하면서 겪었던 혼란에 비하면 그것은 충분히 예측할 수도 있고 대책을 마련할 수도 있다.

게다가 인구가 줄어든다는 것이 즉 나라가 쇠퇴한다는 근거도 없다. 우리가 선진국이라고 하는 북유럽 국가들은 500만 명에서 1천만 명 미만의 인구를 갖고 있다. 대한민국보다 면적이 조금 크거나 비슷한 나라들이다.

中부담, 中복지로 가야 한다

 일반적으로 국제 통계를 비교해 한국은 저부담 저복지 수준이므로 복지수준을 올리고 재원은 부자, 대기업에 증세하면 된다고 주장한다. 주로 OECD 공공사회적 지출과 국민부담률을 비교해 한국 GDP 대비 복지지출 비용과 국민부담률이 OECD보다 낮으므로 저부담 저복지 국가라는 것이다.

 복지지출 비용을 OECD 평균과 단순 비교하는 데는 문제가 있다. OECD 34개국의 소득을 비교하기 위해 인구 100명 중 은퇴 노인 20명인 두 국가를 비교해 보자. 한 국가는 1인당 소득 1억원, 국민소득 100억 원인 선진국이고, 다른 국가는 1인당 소득 300만 원, 국민소득 30억 원인 중진국이다.

 선진국은 국민부담률 20%가 되더라도 200억 원의 재원에서 은퇴 노인들이 1인당 1억 원씩의 노령연금으로 풍족한 노후를 즐길 수 있다. 반면 중진국은 국민부담률 20%로는 6억 원밖에 안 되므로 은퇴 노인 1인당 노령연금은 3000만 원이 되기 때문에 노후가 풍족하지 않다.

선진국 1인당 1억 원 중 20%를 세금으로 내고도 8000만 원의 소득이 있어 생활에 문제가 없으므로 세금 더 내고 은퇴 후 더 받는 고부담 고복지가 가능하다. 중진국은 1인당 소득 3000만 원 중 20%의 세금을 내면 2400만 원밖에 남지 않아 생활이 안 된다고 부담을 낮춰달라고 주장하게 된다.

이런 경우 포퓰리즘 정치와 결탁되면 재정악화로 재정위기를 초래한다. 소득수준 차이를 간과한 단순비율, 상대적 비교는 이런 함정이 있다. 앞으로 2030년경을 가정해 복지지출 비용을 OECD 평균과 비교해 봤더니 한국 복지제도는 이미 중부담 고복지 수준이었다.

이 분석에 따르면 재정위기의 남유럽 국가들이 한국과 함께 고복지 국가군이고, 독일, 네덜란드, 영국 등 재정 안정국은 중부담 중복지 국가로 분류됐다.

우리나라는 국민연금 수급자가 쏟아지는 2030~2040년쯤 재정위기의 가능성이 있다. 국가 재해 수준급 위기가 예고되고 있다. 따라서 우리나라는 중부담 중복지로서의 개혁을 해야 한다.

장수의 비결
─오래 산다는 것, 그 축복은 누구의 것인가?

인간은 누구나 오래 살기를 바란다. 고대부터 선현들은 생명의 연장을 위한 방법을 탐구해 왔고, 건강과 장수는 오복(五福)의 으뜸으로 꼽혔다.

'수(壽), 부(富), 강녕(康寧), 유호덕(攸好德), 고종명(考終命)' 중에서도 수(壽)가 맨 앞에 놓이는 것은 생명이야말로 모든 복의 근본임을 말해 준다. 오래 산다는 것은 곧 더 많은 것을 누리고, 더 많은 것을 깨달을 수 있는 기회를 의미한다는 점에서 오랜 세월 동안 인간 존재의 본능적 염원이자 이상이었다. 그러나 오늘날 우리는 그 바람을 다시 묻게 된다. '과연 오래 사는 것이 누구에게나 축복인가?' 노인요양시설이나 병원에서 일하는 이들에게 장수의 의미를 물으면, 절반 이상은 '저주에 가깝다'고 대답한다. 그들이 매일 마주하는 현실은 고요한 존엄과는 거리가 멀다.

치매와 중풍, 만성질환에 시달리며, 스스로 몸을 가누지 못하는 채 타인의 손에 생존을 맡긴 삶. 경제적 빈곤, 가족 간 갈등, 외로움과 무력감이 고통의 그림자를 드리운다. 수명의 연장은 곧 삶의 연장이 아닌, 고통의 연장처럼 느껴지기도 한다.

문제는 단순히 오래 사는 것이 아니다. 진짜 중요한 질문은, '어떻게 오래 사느냐' 이다. 존엄을 지키며 살아가는 노년. 타인에게 존중받고 스스로의 존재를 긍정할 수 있는 노년은 삶의 결실이다.

반면 자기 결정권을 잃고 하루하루를 견디는 시간으로 보내며, 가족에게조차 부담이 되는 존재로 전락했다고 느낀다면 장수는 축복이 아니라 시험이며, 삶의 무게로 변한다. 노인이 된다는 것은 단순히 나이가 드는 것이 아니다. 사회적 역할에서 점점 밀려나고, 익숙한 관계가 사라지며, 마음 붙일 곳 하나 없이 쓸쓸해지는 과정이다.

젊은 시절에는 서로 이름을 부르던 이들이 하나둘 사라지고 거울 속 낯선 얼굴은 어제의 자신과도 다르다. 고립감은 깊어지고, 삶의 이유는 희미해진다. 자녀에게 손 벌리는 일이 낯설고 부끄럽고, 병원비조차 자책의 무게로 다가온다. 그래서 '얼마나 오래 사느냐' 보다 '어떻게 품위 있게 늙어갈 수 있느냐' 가 더 중요한 물음이 되는 시대가 되었다.

진정한 장수란 무엇인가. 단지 생명의 시간이 늘어나는 것이 아니라, 그 시간 안에서 자아를 잃지 않고, 삶의 의미를 품은 채 하루하루를 스스로 살아가는 것이다. 누군가의 보살핌을 받는 존재가 아니라, 누군가를 보살피는 존재로 남을 수 있다면, 그것이야말로 축복받은 장수일 것이다. 품위 있는 노년, 따뜻한 관계, 자율성과 선택이 보장되는 삶, 그 모두가 어우러질 때 장수는 복이 된다.

오래 산다는 것은 단지 생존의 연장이 아니다. 그것은 살아온 날들의 깊이와 살아갈 날들에 대한 태도를 함께 품는 시간이다. 결국, 우리는 묻게 된다. 나는 어떤 삶을 살았는가, 그리고 어떤 늙음을 준비하고 있는가. 장수는 그 질문에 대한 응답으로 하루하루의 성실한 축적 위에 쌓이는 은밀한 선물인지도 모른다.

세계의 장수인들이 전해 주는 5가지 장수비결
―웃고, 걱정 없이 걷고, 먹고, 일하라(소박한 실천이 만드는 기적)

장수는 선천적인 유전만으로 결정되지 않는다. 인간은 자연의 일부이면서도 스스로 삶을 구성하고 변화시킬 수 있는 존재다.

미국의 장수 연구자 푼(Poon) 교수는 오랜 기간 세계의 장수촌을 찾아다니며 장수인의 삶을 관찰하였다. 그 연구를 통하여 공통된 비결을 다섯 가지로 정리하였다. 놀랍게도 그 원칙들은 복잡하거나 실행하기 어려운 것이 아니었다. 누구나 마음만 먹으면 쉽게 실천할 수 있는 소박하고 일상적인 지혜에 가까웠다.

첫째는 기억력이다. 나이가 들어갈수록 기억은 단순한 기능을 넘어, 자아를 유지하는 정신적 기반이 된다. 과거의 경험을 기억하는가 하면 이름과 관계를 유지했던 일은 삶의 원동력이다. 나아가 오늘의 나를 어제의 나와 연결시켜 주는 힘이 된다. 이것은 곧 삶의 일관성을 지켜주는 뿌리와 같다.

바둑이나 장기를 두고, 노래 가사를 떠올리며 하루하루 대화를 나누는 행위는 기억을 보존하고 깨어 있게 만든다. 기억을 잃는다는 것은 단순히 정보를 잃는 것이 아니라 나 자신을 잃는 일이기도 하다.

둘째는 긍정적인 마음가짐이다. 낙천적인 사람은 고난 속에서도 삶의 가능성을 본다. 똑같은 현실 앞에서 어떤 사람은 어려운 문제에 부딪치면 '큰일이야' 라며 불안을 키우는가 하면, 또 다른 사람은 '그까짓 것' 하며 웃고 넘긴다.

불안과 분노에 익숙한 사람보다 여유와 유머를 가지고 생활하는 사람이 더 오래 산다. 장수인들은 하나같이 '그날 그날을 감사히 여긴다' 고 한다. 마음이 무너지지 않으면 육신도 그에 발맞춰 단단해진다.

셋째는 운동이다. 움직이는 사람은 산다. 푼 교수는 하버드 의대의 연구 결과를 인용하며 매일 만보를 걷는 사람은 그렇지 않은 사람보다 평균 7년을 더 산다고 말했다.

굳이 헬스장을 다닐 필요는 없다. 집 주변을 천천히 걷고, 계단을 오르고, 가벼운 체조를 하는 것만으로도 충분하다. 움직임은 혈류를 돕고, 몸의 긴장을 풀며, 우울감을 예방한다. 따라서 걷는다는 것은 삶을 앞으로 이끄는 발자국이 된다.

넷째는 균형 잡힌 식사다. 음식은 곧 약이다. 그러나 '과다 영양 속 영양실조' 에 빠진 현대인을 우리는 종종 목격한다. 그 이유는 필요한 영양은 놓치고 필요 없는 것들로 배를 채우기 때문이다.

장수 노인들은 하나같이 소식(小食)과 절식을 실천한다. 특히 콩, 채소, 된장 같은 발효음식, 유제품, 과일 등을 균형 있게 섭취하며, 식사 자체를 하나의 명상처럼 여긴다. '꼭꼭 오래 씹고 천천히 먹어라.' 옛 어른들의 말은 그저 옛말이 아니다. 그것은 축적된 생존의 철학이요, 삶의 지침이다.

다섯째는 일(work)이다. 장수하는 사람들은 절대 일에서 손을 놓지 않는다. 농사를 짓고, 텃밭을 가꾸고, 손주를 돌보고, 마을 회관에서 도우미를 자청한다. 이를 통하여 자신이 여전히 사회의 일부라는 자부심을 지닌다.

이는 단지 생계를 위한 노동이 아니라, 존재의 이유를 확인하는 의식과도 같다. 할 일이 있다는 것, 누군가를 위해 쓰일 수 있다는 것, 그것이야말로 삶의 지속성과 활력을 낳는 뿌리다.

이상과 같은 다섯 가지 원칙, 즉 기억력, 긍정성, 운동, 영양, 일은 거창한 철학도, 어려운 과학도 아니다. 그러나 그 안에는 삶을 손엄하게 유지하려는 인간의 지혜와 끈기가 담겨 있다.

장수란 하루아침에 완성되는 것이 아니다. 그것은 매일의 반복과 정성, 삶을 대하는 태도 속에서 자라나는 결과다. 우리는 때로 장수를 신비한 영역으로만 바라보지만 알고 보면 우리 주위와 가깝고 소박하기까지 하다.

하루하루의 기억을 되살리고, 긍정의 말을 건네며, 한 걸음 더 걷고, 제대로 먹고, 의미 있는 일을 감당해 나간다면, 우리는 이미 장수의 길목에 들어선 것이다.

장수란 단지 오래 사는 것이 아니라, 하루하루를 제대로 살아가는 일이다. 그것은 인생을 존엄하게 가꾸려는 태도이며, 끝까지 생을 사랑하려는 의지의 표현이다.

장수는 하늘이 주는 축복이기도 하지만, 스스로 가꾸는 축복이기도 하다. 또한, 그 축복은 언제나 오늘, 지금, 이 순간의 실천에서 시작된다. 하루하루의 기억을 되살리고, 긍정의 말을 건네고, 한 걸음 더 걷고, 제대로 먹고, 의미 있는 일을 한다면, 그 순간부터 우리는 이미 장수의 길로 들어선 것이나 다름없다.

장수의 비밀, 성실성이라는 평범한 덕목
― 오래 사는 사람들의 공통점은 성실한 삶의 힘이다

장수의 조건을 말할 때 우리는 종종 유전자나 환경 같은 생물학적 요소를 먼저 떠올린다. 그러나 긴 세월을 건강하게 살아가는 사람들을 자세히 들여다보면, 그 중심에는 하나의 공통된 인격적 특성이 있다. 그것은 바로 성실성이다. 이 단순하지만 묵직한 덕목은 장수를 가능케 하는 눈에 보이지 않는 근본이다.

조선의 선비들은 이를 삶으로 증명했다. 퇴계 이황은 매일 정해진 시간에 일어나 글을 읽고, 차를 달이며 마음을 다스렸다. 그는 '활인심방(活人心方)'이라 하여, 마음을 바르게 가지는 것이 곧 건강의 시작임을 설파했다.

송시열은 자기 몸을 실험대 삼아 '요로법(尿療法)'을 실천하며 자연에 기대지 않는 건강법을 추구했다. 이들의 방식이 현대 기준에 부합하든 그렇지 않든, 그 바탕에는 자기 절제와 꾸준함, 곧 성실한 삶의 자세가 있었다.

현대의 과학도 이 고전의 통찰을 뒷받침한다. 미국 스탠퍼드대의 루이스 터먼 박사는 1921년부터 80년 넘게 1,500명 이상에 대한 장수를 추적 관찰했다. 그들은 다양한 계층과 직업, 삶의 양식을 가진 이들이었다.

연구 결과는 명확했다. 장수에 가장 유의미한 영향을 준 요인은 부도, 명예도, 심지어 결혼 여부도 아니었다. 바로 성실성(conscientiousness)이었다. 성실한 사람은 규칙적인 생활을 하고, 건강에 유의하며, 스트레스를 피할 줄 알았다. 그들은 위험한 행동(예를 들면 무리한 운전, 과도한 음주, 무절제한 식습관)을 삼가고 스스로 삶을 조율할 줄 아는 힘을 지녔다.

그런가 하면 책임감을 가지고 주변 사람들과 신뢰를 쌓았고, 공동체의 일원으로서 유대감을 유지했다. 이러한 성향은 육체적 건강뿐 아니라 정신적 안정에도 긍정적인 영향을 주었다.

터먼 박사는 성실성이 단순한 성격 특성을 넘어, 삶을 살아가는 방식 그 자체라고 말했다. 성실한 사람은 어떤 일을 하든 신중하고 끈기 있게 임하며, 매일의 반복 속에서도 삶의 질서를 만들어낸다. 이들이 오래 사는 이유는 단지 위험을 피했기 때문이 아니라, 삶을 아끼고 존중했기 때문이다.

우리는 때때로 장수를 기적이나 복으로만 여긴다. 하지만 진짜 복은 하루하루를 성실하게 살아낼 줄 아는 내면에서 비롯된다. 성실한 사람은 삶을 향한 태도가 흔들리지 않는다. 계절이 바뀌고 환경이 변해도, 그는 자신의 리듬과 질서를 지켜낸다. 그 질서가 바로 건강이고 장수다.

성실성은 또한 기억력, 긍정성, 운동, 영양, 노동이라는 앞선 장수의 다섯 요소를 단단히 묶는 중심축이 된다. 일상의 실천이 흐트러지지 않게 해주는 버팀목이자, 삶의 방향을 일관되게 유지하는 나침반이요, 조용하지만 깊은 뿌리를 내리는 힘이다.

결국, 장수란 어느 날 갑자기 다가오는 선물이 아니다. 그것은 평범한 하루하루를 정직하게 살아내는 사람에게 주어지는 조용한 응답이다. 특별한 약이 아니라, 특별하게 사는 자세가 사람을 오래 살게 한다. 우리 모두 오래 살고 싶다면, 오늘 하루를 성실하게 살아가자.

그러면서 장수는 언제나 삶의 태도에서 비롯된다는 평범한 진리를 기억하자.

죽음에 대한 통찰

'인간에게 죽는 법을 가르쳐준 사람이야말로 인간에게 사는 방법도 가르쳐 준다.'
- 몽테뉴 에세 제 1권 20장

죽음은 예고 없다. 교황 클레멘스가 리옹에 입성할 때 군중들에게 치어 사망한 사실이 있다. 그리고 앙리 2세는 경기를 하다가 죽었다. 그리고 필립왕은 돼지와 충돌하여 죽었다. 에스킬스는 집에 깔려 죽을 것이라는 위협적인 예언을 믿고 집 밖에서 잤지만 그는 하늘을 나는 독수리 발에서 떨어진 거북 등에 맞아 죽었다.

어느 황제는 머리를 빗다가 빗에 찔려 죽었다. 아이밀리우스 레피두스는 자기 집 문지방에 발이 걸려 죽었으며, 아우피디우스는 회의실에 들어가다 문에 부딪쳐 죽었다. 집정한 코르넬리우스 갈루스는 여자의 허벅다리 사이에서 죽었다.

불교에서는 원래 죽음이 없다고 말한다. 왜냐하면 죽을 내가 없기 때문이다. 불교는 무아에 대한 통찰로써 모든 괴로움(死)으로부터 벗어난다고 말한다. 괴로움이 생기는 것은 내(我)가 있기 때문이다. 불교에서는 인간 존재를 5온(五蘊) 즉 몸(色)과 정신적 요소인 수상행식(受想行識: 감수작용, 표상작용, 결합작용, 분별작용)의 5가지 요소로 구별한다.

여러 가지 문제로 수레를 만드는 것처럼 오온이 모인 것을 존재(衆生)라 한다. 그 오온에 나는 없다. 무아(無我)다. '나란 나'를 포함한 일체의 현상이 원인과 조건으로 연기(緣起)된 것이기에 실체가 없으며 본질적으로 공(空)이다.

다만 인연에 따라 변할 것뿐이라를 고뇌하던 싯달타는 생멸(生滅)이 적멸(寂滅)임을 깨닫고 적멸락을 얻어 부처가 되었다. 얼어도 물이고 녹아도 물이다. 생겨도 생긴 게 아니고 없어져도 없어진 게 아니다. 불생불멸이다. 그래서 본래 적멸인 것이며 적멸위락(寂滅爲樂)이다.

불교에서는 열반이란 괴로움을 일으키는 원인들이 모두 사라져 아무것도 남아 있지 않음을 뜻한다. 왜냐하면 중도를 깨쳤기 때문이다. 중도는 열반에 이르는 길(8正道)로서 그 내용은 연기와 공(空)이다.

철학적, 윤리적 의미이며, 중용은 불교의 중도(中道)와 다르다. 중용은 균형을 잃지 않는 것이고, 중도는 연기에 기반한 공과 무아를 확실하게 아는 것이다.

노인 돌봄—사회가 나서야

 노인 돌봄은 가정에서 쉽게 해결할 수 없는 문제이다. 이제는 가족의 부담에서 벗어나 사회 공동의 책임으로 해야 한다. 이를 위해서는 몇 가지 고려해야 할 측면이 있다.

 첫째, 질병에 대한 치료와 돌봄 서비스를 통합적으로 평가하고 지원할 수 있는 시스템이 필요하다. 정부에서는 지역사회의 돌봄 서비스를 통해 의료와 복지 서비스를 포괄적으로 제공하려 하고 있으나 해결 과제가 많다. 또 지역사회에서 노인을 돌볼 수 있는 인프라가 제대로 갖추어져 있지 않다. 향후 서비스가 제대로 되기 위해서는 의료와 돌봄이 잘 연계되어야 한다.

 두 번째는 노인들의 돌봄 요구에 맞는 다양한 시설과 서비스가 제공되어야 한다. 노인을 모시는 돌봄 욕구는 다양한데 돌봄 서비스는 정형화되어 있고 기대치에 모자란다. 이제는 추가적 부담이 되더라도 다양한 돌봄 서비스가 제공되어야 한다.

 셋째, 돌봄을 IT와 로봇 기술을 접목한 새로운 돌봄 모델을 개발하는 것이 필요하다. 돌봄 로봇이나 디지털 동반자와 같이 다양한 돌봄 서비스가 구현될 수 있어야 한다.

앞으로 출생 감소가 더 심각해지고 있는 상황에서 노인 돌봄 서비스를 할 수 있는 지속 가능한 대책이 있어야 한다.

은퇴 개념을 없애 버려라

전 세계에서 가장 빨리 늙어가고 있는 우리나라가 선제적으로 위즈덤 크리에이션(Wisdom Creations)에 나서야 한다. 베테랑의 암묵지(暗默知-겉으로 드러나지 않는 체화된 지식)를 형식지(形式知-객관화된 지식)로 전환, 사회자산으로 적극 활용해야 한다.

실제 미래에는 지식(knowledge) 사회를 넘어 지혜(wisdom) 사회가 도래한다. 표준화가 전문화 시기인 20세기에는 지식이 우선시된 사회였다. 텍스트를 외우고 하나의 정답을 찾는 능력이 우선했다.

그러나 앞으로는 '구글링' 한 번이면 얻을 수 있는 지식이 아닌, 내재화된 지식이 아닌 수십 년간 쌓아 올린 지혜가 필요한 사회다. 이런 사회에서는 고령 인구가 체화된 지혜의 보고이고, 사회적 자본이 될 수 있다.

『성공하는 사람들의 7가지 습관』의 저자 스티븐 코비 박사도 지식 정보사회 다음은 지혜 사회가 될 것이라고 강조하였다. 그는 "20세기에 기업의 가장 가치 있는 자산이 생산설비였다면 21세기에는 지혜를 갖춘 지식근로자"라고 했다. 일찍이 고령사회의 위기감을 느낀 일본은 은퇴자의 지혜를 활용하기 위한 노력을 하고 있다.

동경대(東京大)에서는 2005년부터 퇴직을 준비하고 있는 베이비부머 세대 숙련 기술자를 활용하기 위해 제조 현장의 작업 개선을 지도하는 모노즈쿠리(ものづくり) 인스트럭터(Instructor)를 양성하는 '모노즈쿠리 스쿨'을 운영하고 있다. 모노즈쿠리는 고도의 기능과 노하우를 가진 장인의 혼을 담아 제품을 만든다는 뜻으로 '암묵지'를 '형식지'로 전환하기 위한 개념과 일맥상통한다.

이 덕분에 일본의 제조 대기업은 글로벌 경쟁력에서 1980~1990년대 전성기보다 크게 떨어졌지만 소부장(소재, 부품, 장비)으로 대표되는 기초 산업만큼은 여전히 세계 최고 수준을 유지하고 있다.

결국 모노즈쿠리 스쿨을 통해 현장 지식을 재교육해 베테랑 엔지니어의 현장 지식을 개방하고 정년퇴직 후에는 다른 기업이나 업종에서 현장 관리를 할 수 있게 하는 것이다

공연히 정년조정 등에 시간과 에너지를 소비할 필요가 없다. 우리 사회에서 아주 은퇴라는 단어를 추방해야 한다. 과거 은퇴는 "자식을 다 길렀고 근력도 예전 같지 않으니 편히 쉬라"는 의미였지만 요즘 60대는 건강관리만 잘하면 젊은이 못잖게 근력이 좋고 편히 쉬기엔 제1인생(번식기)를 마감한 제2인생(번식 후기)을 새로 시작하는 방식으로 인생을 두 번 살아야 한다.

젊은이들의 일자리를 뺏지 않으면서도 가장 가치 있으면서 활용되지 않는 고령 인구의 지혜를 활용하는 공존의 창의적 대안이 필요하다. 앞으로 60세 이후 최소 30년을 더 살 텐데 아무런 준비도 안 하고 있는 형편이기에 더욱 그러하다.

20대에 30년을 더 살기 위해 대학에 들어가 공부를 하는 등 미리 준비

한 것처럼 50~60대에도 이후 30년을 준비하는 과정이 필요하다.

3G 스쿨을 제창한다. G는 Generation의 약자이고, 3세대는 환갑(60세) 이후의 삶을 말한다. 3G 스쿨은 연금을 받는 교수나 교사가 정말 하고 싶었던 문사철(文史哲)이나 영화, 클래식 관련 수업을 듣고 경제활동을 지속하고자 하는 사람이 있다고 할 경우 자신이 가졌던 직업과 관련된 컨설팅도 받을 수 있는 교육과정을 갖춘 학교이다.

대기업에서 이 스쿨을 만들어야 한다. 2020년부터 2024년까지 54만 명이던 대학 신입생이 39만 명으로 줄어 문 닫는 지방 대학이 생기고 있다. 이때 대기업이 지방 대학을 인수해 3G 스쿨을 만드는 게 창의적 대안이다.

고령자의 지혜를 충분히 활용해야 한다. 유럽에 가면 70세 넘는 웨이터나 바텐더를 흔히 볼 수 있다. 이들이 젊은 사람보다 친절하고 일도 잘한다. 일할 의지가 있고, 능력이 있는 고령 인구에게 일할 여건을 마련해 주어야 한다.

정부는 현재의 틀 안에서 고령화 문제를 풀려고 하지 말고 창의적이고 미래지향적인 대안을 내놓는 방향으로 전환이 시급하다.

70세 인턴 노인

국민(노령)연금 수급권자 460만 명 중 60만 원 미만 수급자가 77%다(2021년 7월 기준). 노인들에게 일용할 빵이 절실하다는 지표다. 그러나 한국 사회에서는 이런 현실을 개인 탓으로 돌리며 노인들을 소외시키고 있다.

노인은 잉여 인간이니 젊은이들이 뼈 빠지게 벌어서 낸 세금을 탕진하는 존재, 꼰대로 폄하되며 혐오의 대상이 되기까지 한다. 이러한 현실을 개선할 돌파구는 없는 것일까. 늙음을 외면하지 않고 자연스럽게 받아들이며 사회적 역할을 가진 품위 있는 인간으로서 당당하게 늙어갈 수는 없는 것일까.

영국 사회보장제도 설계자인 윌리엄 베버리지가 1942년 이미 설파한 대로 국가는 결핍, 무지, 질병, 불결, 나태라는 5대 악을 소득보장, 의무교육, 공공의료, 공공주택, 완전고용을 통해 해소해야 할 의무가 있다는 것이다.

문제는 한국의 노인들이 베버리지가 말한 5대 악을 스스로 해결할 것으로 믿어 왔는데 여전히 안 하고 있다는 것이다. 이것을 깨야, 그리고 인식을 전환해야 자신이 행복해질 수 있는데도 말이다.

한국에서의 노인은 3가지 관점이 있다. 사람도 아닌 짐스러운 존재라는 NO人, 돌봄의 대상인 어르신, 취미나 자기개발을 통해 삶의 의미를 찾는 '액티브 시니어'다.

'선배 시민'이라는 시민이자 선배인 존재, 즉 선배 시민은 시민권이 당연한 권리임을 자각하고 이를 누리며 공동체에 참여하여 자신은 물론 후배 시민을 위해 활동하는 노인을 말한다.

공동체 활동에서는 잊지 말아야 할 것이 있다. 영화 「인턴」에서 70세 인턴 벤이 30세 여성 CEO 줄스에게 이렇게 말한다.

"나는 여기 당신 세계에 대해 배우러 왔어요."

벤은 나이가 어린 줄스를 가르치려고 하지 않는다. 오히려 배우려고 했다. 그리고 줄스가 필요로 할 때 자신의 경험과 지혜를 공유해 주었다. 사람은 누구나 자신의 세계와 경험을 가지고 있기 때문에 이것을 서로 인정할 때 비로소 존재와 연대, 그리고 소통이 가능하다.

선배는 먼저 태어난 사람이지 상사(上司)가 아니다.

인간 수명 150세 - 그건 불가능하다

나이 드는 것은 인간이 겪는 모든 질병 중에서 가장 큰 위험인자다. 대다수 질병의 발병률은 나이와 함께 수직적으로 증가한다. 간단하게 수학적으로 그 타당성을 알아낸 '곰파스 곡선'이라는 것이 있다. 성적으로 성숙기에 접어든 동물일수록 시간이 지남에 따라 기하급수적으로 사망률이 증가한다. 이것이 영국 보험통계사 벤자민 곰파스의 법칙이다.

노인학자 레너드 헤이플릭은 인생 생명의 한계 설정값을 발견했다. 인간의 세포가 배양조직에서 자라는 것을 관찰한 결과 특정한 횟수의 분열이 끝나면 세포는 분열을 멈추고 다시 분열하지 못하며 배양조직은 죽는다는 것이다.

인간의 몸에서 이 현상은 세포가 50여 차례 분열된 뒤에 일어난다. 바로 한계 설정값을 말하는 것이고, 이 학자의 이름을 따 '헤이플릭 분열한계'라고 명명한다.

열량 부족이 헤이플릭 분열한계에 영향을 미칠 수도 있다는 몇몇 생물학적 증거가 있는데 1930년대 심각한 열량 부족에 시달리던 쥐들의 수명이 50%까지 늘었다는 사실이 밝혀졌다. 이러한 방식을 취한 사람들이 더 오래 살았다는 보고도 있다. 시간이 지나면 사물은 손상된다.

DNA는 이온화 방사선에 의해 손상되어 고칠 수가 없다. 이온화 방사선이란 물질을 통과할 때 이온화를 일으켜 영향을 미치는 방사선으로 이를 '전리 방사선'이라 한다.

모든 생물에 필수적인 요소인 산소도 인체에 불리한 면이 있다. 바로 활성산소다. 활성산소로 인해 인체에서 화학적 반작용이 일어나기도 하는데 이것이 이온화 방사선에 의해 발생하기도 한다. 이 활성산소를 없애는 효소는 나이와 함께 약해지기 시작하고 이 때문에 활성산소가 증가해 인체 손상이 더 심각해진다.

또 좁아진 혈관은 혈류의 흐름과 산소공급을 감소시켜 장기의 기능을 망가트린다. 영양에 굶주린 분화된 세포는 영양분을 거의 필요로 하지 않는 반흔조직으로 바뀐다.

우리 몸의 중추신경계에 있는 축삭(신경섬유)의 깊이는 10년에 10%씩 손상된다. 나이가 들면서 뇌가 차지하는 부분은 줄어들고 물이 더 많아지는데 20대 중반부터 뇌의 부피가 매년 0.5%씩 줄어든다.

노화는 보편적인 현상이다. 어떤 질병이 몸을 괴롭히는 것은 상관없다. 노화는 모두에게 영향을 미치고 커다란 타격을 입힌다. 결론적으로 젊음의 보약은 없다. 노년학자이고 베스트셀러 『joy of sex』의 저자 알렉스 컴포트는 "시간이 지나면서 유기체는 항상성(일정한 내적 상태를 유지하는 능력)이 손상되고 이 때문에 생존능력이 감소한다"고 말한다.

조선시대 왕들의 수명은 평균 만 46.1세였다. 태조 이성계부터 마지막 순종까지 27명의 수명을 분석한 결과다. 의식주 모두 취약했던 평민들의 수명이 평균 35세였고, 특히 유년기 사망자를 제외하면 양반의 평균수명이 약 55세였던 것에 비하면 단명에 가깝다. 왕들이 질병과 스트레스에 시달린 탓이라고 한다. 그래도 고려시대 왕 34명의 수명이 평균 41.4세였던 것보다는 늘었다.

따라서 인간 수명을 150세 운운하는 학자가 있는데 이는 불가능한 추측을 합리화시키는 것이다. 다시 말하면 인간 수명 150세 그건 불가능하다.

노인 삶의 질 과제

노인의 삶의 질 개선이라는 관점에서 특별히 요구되는 것이 사회안전망의 구축이다. 사회안전망의 구축을 위해서는 몇 가지를 고려해야 한다.

첫째, 사회안전망의 사각지대를 면밀히 검토하고 방만한 프로그램을 재정비해야 한다. 각종 제도의 수급 대상자의 정의와 대상자를 판별하는 기준 등을 포함한 제도정비가 필요하다. 그리고 정권이 바뀔 때마다 필요에 따라 늘려 놓았던 보건 및 사회서비스의 전달체계를 전체적인 체계성과 경제성에 입각하여 정비해야 한다.

둘째, 복지수준의 표준지표의 목표를 설정하고 관리해 나아가야 한다. 상대빈곤율, 재분배지수, 노인빈곤율, 자살률, 의료수혜자와 비수혜자들의 기준을 장기적 관점에서 실천계획을 세워야 한다.

셋째, 수요자 중심의 복지체계를 설정하고 수요자의 물리적·심리적인 접근을 최우선적으로 재구축해야 한다. 그리고 전달체계에서의 부처별, 부서별로 중첩되지 않는 단일 라이프라인을 구축해야 한다.

넷째, 사회안정망의 소프트웨어라고 볼 수 있는 복지수급자의 자격, 급여 수준, 급여제공 방식에 선진국 사례를 참고하여야 한다. 복지제도별로 접근하기보다는 수요자인 개인 및 가구별 국가책임에서 수요자인 개인 및 가구별 접근을 해야 한다.

다섯째, 새로운 세계관과 시대에 부응하는 사회안정망의 그림을 그려야 한다. 이는 4차 산업의 구조에 따른 새로운 대비책, 역 피라미드식의 인구구조, 세계시장의 글로벌화와 함께 복지의 국가책임에 중앙과 지방, 정부와 민간의 연대책임을 강화해야 한다.

여섯째, 미래의 사회안전망은 물질적인 결핍을 해소하는 것이 인간의 삶이 질 향상과 행복추구를 위한 것이어야 한다. 예를 들면 의료, 생계유지, 주거, 교육 등에서 소외 받지 않도록 자존심을 부여하며 앞날의 희망과 삶의 의욕을 가질 수 있도록 시스템이 짜여져야 한다.

우울한 노년을 없애라

　영국은 이미 2018년에 '고독부(Ministry of Loneliness)'를 내각에 만들어 고독 퇴치 예산을 배정했다. 영국인 4명 중 1명이 우울증에 시달리고 있기 때문이다. 제약회사에서는 우울증이 뇌 호르몬의 문제라면서 약물 치료를 강권했고, 그러면서 약물 중독자도 늘어났다.
　고독사 문제로 이름 높은 일본도 2021년에 고립, 고독대책부를 만들었다. 우리나라도 우울증, 우울감 유병률이 36.8%나 된다고 한다. 이 통계는 우울증이 뇌의 문제가 아니라 사회문제임을 잘 보여준다.
　우리 인생에는 괴로움과 즐거움이 공존하는데 불교는 아예 '모든 것이 괴롭다'는 일체개고(一切皆苦)를 말한다. 그래서 일생을 괴로움의 바다 즉 고해(苦海)라고 한다. 그러나 인생이 고해라 해도 우리는 그 사실을 실감하지 못한다. 그래서 안수정등(岸樹井藤) 이야기가 나온다.
　돌진하는 코끼리를 피해 우물 속으로 들어가 아래를 보니 등나무 줄기를 잡고 매달려 있는데 아래를 보니 매달린 등나무 줄기를 낮과 밤을 상징하는 흰 쥐와 검은 쥐 두 마리가 갉아먹고 있었다.

놀라서 벌어진 입안으로 꿀이 한 방울 떨어지니 그 맛에 취해서 금세 만사를 잊고 희희낙락한다는 것이다.

불가(佛家)에서는 목표 달성과 지위에서 삶의 의미와 행복을 찾으려고 하는 생각을 잘못된 것이라고 한다. 그것이 주는 즐거움은 불꽃놀이 폭죽처럼 한순간에 반짝이고 사라질 뿐이며, 우리는 언제나 충족되지 않는 결핍의 마음으로 스트레스와 우울에 시달리게 된다.

눈으로 나무와 별을 바라볼 수 있고, 귀로 새소리 바람소리를 들을 수 있는 것, 손으로 반가운 사람과 악수할 수 있고, 입으로 자유롭게 대화할 수 있는 것에 감사하면서 나의 기본에 감시하고 만족해 하며 행복해 하는 나에게 감사해야 한다.

베버리지 보고서의 의미

윌리엄 베버리지 보고서(1842)가 출간되어 '요람에서 무덤까지' 라는 구호를 전세계에 각인시켜 주었다. 단순한 소득 보장을 넘어 다양한 욕구를 실험하기 위한 이상을 담았다.

베버리지 보고서는 '모두가 돈을 내고 모두가 혜택을 본다' 라는 구호는 누구에게나 쉽게 이해가 되고 호소력 있는 표현이었다.

베버리지는 사회보장은 사람이 굶어 죽는 것만을 예방하는 제도를 넘어 문화영역까지 포함하는 완전한 생활을 지칭하는 것이다.

베버리지 보고서는 국민최저선, 보편주의 원칙, 완전고용, 사회보장 계획을 강조했다. 원래 이름은 '사회보험과 관련 서비스' 였다. 이 보고서를 구체화한 사람은 존 케인즈(1883~1946)였다. 케인즈는 이 보고서를 현실화하는 데 필요한 재정조달 방안을 구체화하기도 했다.

제2차 대전 후 케인즈와 베버리지 사상은 30년 동안 복지국가가 꽃피울 수 있게 하였다. 하지만 그 이후 국가부채의 누적, 1970년대의 석유파동 등으로 인하여 각 정부는 작은 정부, 친기업, 반노조(反勞組) 정책 등으로 많은 논란을 불러일으켰다.

　현재 우리나라에도 베버리지 복지정책의 아이디어를 현실화시키고 있는데 국가주도의 정책에다가 이제는 민간의 아이디어와 시장성 있는 정책을 보듬어야 하는 시점에 와 있다.

국가가 편안한 여생 보장

스웨덴의 사회복지법에는 '코뮨(지방자치단체)은 노인의 삶에 책임이 있다'라고 명시되어 있다.

스웨덴은 1992년 '에델개혁' 이후 노인 돌봄의 기본 원칙을 '내 집에서 노후 보내기(Aging in Place)'로 잡고 있다. 스웨덴의 요양시설도 다른 나라와 달리 주택 중심이다.

스웨덴은 노인들을 위한 서비스는 자율적인 삶을 누릴 수 있는 재가서비스에 중점을 두고 있다. '사실 노인 장기요양에서 가장 중요한 가치는 노인의 자립적인 삶을 보장하는 것'이라는 것이다.

스웨덴에서는 '모든 사람이 돌봄과 요양서비스를 동등하게 받을 권리가 있다'며, '재산과 소득에 상관없이 입소자가 시설에서 누리는 서비스의 질은 똑같다'는 것이다.

죽음에 대한 공포

우리는 왜 죽음에 대한 공포를 느끼는가. 디켄(Deeken, 독일 출신 신부)은 죽음에 대한 공포를 다음과 같이 열거하고 있다
① 고통에 대한 공포
② 고독에 대한 공포
③ 불쾌한 체험에 대한 공포
④ 가족이나 사회에 부담이 되는 공포
⑤ 미지(未知)에 생기는 공포
⑥ 인생을 불완전한 채로 끝낸다는 공포
⑦ 자기 소멸에 대한 불안
⑧ 사후 심판이나 벌에 대한 불안

안락사
안락사는 적극적·소극적 안락사로 나뉜다. 적극적 안락사는 죽음을 희망하는 사람에게 약물이나 물리적 방법을 사용하여 사망에 이르는 행

위다. 소극적 안락사는 본인이 희망할 경우 생명연장 치료를 중지하는 것을 가리킨다.

현재 각국의 안락사는 후자의 경우를 전제로 하고 있으며 일반적으로 존엄사라고 한다. 그러나 본인의 의사가 아닌 지나친 생명 연장 조치는 죽어가는 사람의 존엄성의 관점에서 큰 문제를 지닌다. 이제는 치료우선주의에 대한 비판이 일어나 '생활의 질', '생명의 질'을 존중하는 운동이 일고 있다. '죽음을 어떻게 맞이할 것인가'의 결정권이 환자에게 있어야 한다는 '죽음의 자기 결정권'이 나타나고 있는 것이다.

서양에는 사학(死學)이라는 학문이 있다. 이는 철학, 윤리학, 종교학, 의학, 심리학 등 다양한 영역에서 죽음에 대한 여러 문제를 고찰하는 것이다. 우리나라에서도 '잘 죽는 것이 잘 사는 것'이라는 가치 아래 '한국죽음학회'가 창립되었다.

병원의 중환자실에는 죽음을 앞둔 환자들이 죽음에 대한 아무런 교육을 받지 못한 채 방치되어 있는 현실에서 '죽음학'은 학문에만 그쳐서는 안 되고 실용 생활에 전달되어야 한다는 것이다.

안티 에이징

안티 에이징(Anti-aging)이 최근에 중요한 키워드로 떠오르고 있다. 안티 에이징 10가지 항목을 열거해 본다.

① 수면시간 7~8시간을 취한다
② 야채, 생선을 자주 먹는다
③ 하루에 물을 체중의 1/30정도 마신다
④ 물을 마시지 않는다. 극히 소량 1~2잔 정도만 마신다.
⑤ 정기적으로 운동을 한다

⑥ 담배를 피우지 않는다
⑦ 큰 스트레스를 받지 않는다
⑧ 취미나 삶의 보람을 느낀다
⑨ 낙천가, 또는 잘 웃는다
　　*과거의 남은 바꿀 수 없어도 미래의 자신은 변화시킬 수 있다.

치매 예측 테스트 문항
① 같은 이야기를 무의식적으로 되풀이한다
② 알고 있는 사람의 이름이 생각나지 않는다
③ 물건 둔 곳을 잊어버린다
④ 한자를 잊어버린다
⑤ 하려고 했던 일을 잊어버린다
⑥ 기구의 사용설명서 읽는 것이 귀찮다
⑦ 이유도 없이 우울해진다
⑧ 몸가짐에 무관심하다
⑨ 외출을 귀찮게 생각한다
⑩ 무엇을 찾다가 눈에 띄지 않으면 남의 탓으로 돌린다

치매 예방 10대 조항
① 균형 잡힌 식사를 한다
② 적당한 운동을 한다
③ 폭음, 담배 끊고 규칙적인 생활을 한다
④ 비만, 고혈압 예방하고 조기 발견, 치료한다
⑤ 넘어지지 않는다

⑥ 흥미와 호기심을 갖는다
⑦ 생각을 정리하여 표현하는 습관을 갖는다
⑧ 좁은 대인관계를 형성, 유지한다
⑨ 젊고 멋부리는 마음을 갖는다
⑩ 명랑한 기분으로 생활한다

치매 예방 3대 기본 대책

— 라이프 스타일
  ① 머리를 사용하는 습관
  ② 기초 체력이 쇠퇴하지 않기
  ③ 남을 배려하는 습관, 마음

— 식생활
  ① 과일, 야채를 섭취한다
  ② 생선을 자주 먹는다

— 적당한 운동
  ① 외상은 안 당하도록 한다
  ② 머리를 부딪치지 않는다
  ③ 많이 걷는다

— 치매에 걸리기 쉬운 타입
  ① 꼼꼼하고 빈 틈이 없다
  ② 만사를 귀찮게 생각한다

③ 취미가 없다

④ 단조로운 생활

⑤ 외출을 싫어한다

⑥ 가족과 대화가 없다

⑦ 스스로 하려고 하지 않는다

⑧ 사람 만나는 것을 싫어한다

- 치매에 걸릴 확률이 낮은 타입

① 사교적이고 친구가 많은 사람

② 명랑하며 잘 웃는다

③ 남을 배려한다

④ 부지런히 움직인다

⑤ 일 외에 사는 보람이 있다

⑥ 멋을 내는 사람

⑦ 유머 감각, 융통성이 있다

⑧ 호기심이 왕성한 사람

- 스트레스 예방을 위한 5대 원칙

① 삶의 보람과 열정

② 유머를 지닐 것

③ 취미를 가질 것

④ 넓은 교제를 가질 것

⑤ 건강한 몸을 유지할 것

(정윤무, 노년학 산책)

일률적 정년연장은 고용절벽 부른다

 현재 60세인 법적 정년은 63세, 65세로 올리면 엄청난 피해가 는다. 연령과 근무시간에 따라 연봉이 올라가는 현재의 연공서열형 호봉제에선 정년연장이 현실적으로 불가능하다. 기업의 부담이 너무 크기 때문이다. 직무와 성과에 따라 연봉이 결정되는 직무급, 성과급 개편이 선행되어야 한다.

 사전 준비 없는 일률적 정년연장 감행은 기업의 고용 여력을 파괴해 청년채용을 더 어렵게 만든다. 부모-자녀 세대 간 일자리 다툼이 일어나게 된다.

 한국경제인협회는 2024년 12월 법적 연령이 65세로 연장될 경우, 60~64세 근로자 고용연장에 따른 비용이 연간 30조 2,000억 원에 달할 것으로 추정했다. 이 돈이면 25~29세 청년 90만 2,000명을 채용할 수 있다.

 국책기관인 한국노동연구원은 2016년 법적 정년(60세) 시행 이후 7년간 1,000명 이상 사업장의 청년 고용이 11.6% 감소했다고 분석했다. 특히 연공서열 기업체인 경우 정년연장 인원이 1명 늘어나면 정규직 신규 채용 직원이 2명 줄어든다는 것이다.

　임금체계 개편은 쉽지 않다. 상당 기간을 두고 순차적으로 이루어져야 하고 적응 기간도 필요하다. 따라서, 정년연장은 법 개정에 의한 의무화가 아니라 기업 자율에 대한 퇴직 후 재고용(계속 고용)이 정도(正道)다. 60세 정년 임금체계를 적용해야 한다.

　일본이 2004년 65세까지 '고용확보' 조치를 의무화하면서도 기업의 75% 이하의 임금으로 계속 고용, 정년연장, 정년 폐지 중 기업의 자율에 맡겼던 것을 상기해야 한다.

　전체 실업자 중 20대 비중이 OECD 회원국 중 가장 높은 우리 실정이다. 이 비중은 2023년 20.3%에서 2025년 3월엔 30.4%로 더 올라갔다. 취업자 감소율이 이를 웃돌고 있다.

　우리나라 공식 실업률은 17.3%이고, 취업 포기 등까지 합친 체감 수치는 20%를 웃돈다. 물론 청년 고용은 세계적인 난제다. 그만큼 청년들이 원하는 양질의 일자리가 부족하고 기업의 고용 창출이 어렵다. AI시대엔 더 악화될 수도 있다.

건강한 워라벨

일찍이 인구학자 트레스 길은 4세대 사회를 지나 5세대 사회에 접어들고 있는 오늘날 인류가 직면한 최대의 화두로 세대 간 공존 및 공생을 지목한 바 있다. 5세대 사회라 함은 나를 기준으로 부모, 조부모, 증조부모, 고조부모 세대가 모두 살아있는 사회를 의미한다.

그런데 한국의 초등학생 사이에서는 함께 살지 않는 할머니, 할아버지는 가족이 아니라는 응답이 최근 2년 사이에 두 배나 늘었다. 노년의 의미는 충만함을 느끼는 삶, 젊은 시절의 노고를 보상받는 시기라는 긍정적 인식과 함께 육체적 쇠락으로 고통받는 삶, 사회적 소외가 증가하는 시기라는 부정적 인식이 충돌하고 있다.

심지어 노인자살률 및 노인빈곤율이 세계 최고 수준을 기록하고 있는 한국에서는 '노인부양'을 둘러싼 위기의식이 고조되고 노인 고독사가 심각한 사회문제로 부상함에 따라 노인을 향한 존경심과 효도심이 살아있던 전통사회로 돌아갈 것을 희망하기도 했다.

하지만 65세 이상 인구 비율이 20%에 이르는 초고령사회는 역사상 처음 등장한 완전히 새로운 현상이요, 개인적으로도 노년기는 '한 번도 가보지 않은 길(The road never traveled)' 임이 분명하다. 그런 만큼 고령사회 및 노년을 바라보는 시선을 참신한 상상력에 기반한 미래 지향적 패러다임이 요구된다는 생각이다.

노년을 바라보는 사회학적 관점 내부에서도 끊임없는 변화를 거듭해 왔다. 1세대 고령화 이론은 기능주의적 관점에서 노년의 의미를 규정했다. 연로함이란 신체적 차원에서 기능적 감퇴를 수반하는 것이요, 심리적, 정서적, 인지적 측면에서도 다양한 유형의 쇠퇴 및 쇠락을 의미하는 것으로 보았다. 따라서 노인이 되면 그에 걸맞은 사회적 자리 및 역할이 마련되어야 한다는 입장을 견지했다.

원래는 '건강한 성숙'에 초점을 맞추려 했지만 노인이 되면 일자리든 사회적 자리든 물러나고 양보해야 한다. '역할 퇴장론(disengagement theory)'으로 해석되면서 노인에 대한 편견과 고정관념을 강화해야 한다는 비판이 있다.

뒤를 이어 등장한 2세대 고령화 이론을 생애주기로(life cycle)의 관점에서 누구나 예외 없이 노년기를 지나간다는 사실이다. 단 어떠한 시대적 배경과 사회구조적 환경에서 생물학적 노년기를 지나가게 되는가가 중요하다.

일례로 평균 수명이 60세에 못 미칠 때는 환갑을 사회적 축복이자 개인적 행복으로 받아들였지만 평균 기대수명이 80대 중반으로 연장되면서 환갑의 의미는 달라졌다. 급격한 사회변화를 배경으로 노년의 의미가 역동적으로 구성되고 있음을 주목해야 한다.

3세대 고령화 이론은 정치 경제학적 관점에서 노인 인구가 꾸준히 증가하고 있음에도 노인이 소수집단으로 인식되고 차별과 배제의 대상이 되고 있다. 실제로 노인 파워가 강한 사회일수록 연금, 의료, 조세 등의 영역에서 노인 친화적 정책이 다수 만들어지고 노인 파워가 약한 사회일수록 노인의 주변화가 심화되고 노인정책 또한 빈곤하다고 강조한다.

요즘 한국에서는 65세 이상 노인의 무임승차가 논란이 되고 있지만 세계 최고의 노인복지 국가인 스위스에서는 노인을 대상으로 별도의 혜택이 존재하지 않는다. '멋지게 나이 들어감(Well-aging)'의 공통적 특징은 외부의 환경적 요인이 아니라 내면의 '태도'라는 점이었다. 즉 평안하고 풍요로운 노년을 보내는 데는 성별, 인종 차이, 유복한 가정 출신, 어린 시절 부모와의 관계가 좋았던 것은 중요하지 않았다는 것이다.

멋지게 나이 들어감에 주인공들은 환경적 차이에도 불구하고 자신을 향한 믿음과 자신의 인생을 향한 의지를 보내주었다. 이를 기반으로 노년기에 이르러서도 정신적 성장과 정서적 성숙을 도모하는 동시에 자신의 발전을 위해 끊임없이 경주하고 물러날 때를 합리적으로 선별하는 현명함을 겸비했다.

윌리엄 새들러의 작품 『서드 에이지, 마흔 이후 30년』속에는 70세 넘어 4번째 에이지를 위해 어떤 준비를 할 것인가가 들어있다. 첫 출발은 노년기에 알맞은 자기의 정체성을 갖추도록 한다. 생애주기가 갖는 의미를 되새겨 방향감각을 잃지 않도록 한다. 둘째는 워라벨(Work-life balance)을 실천한다. 생계를 위한 일, 건강한 가족, 부모가 되는 일, 내면을 풍요롭게 하고 일 사이의 조화율에 균형을 이루는 것이다.

노년은 돈 버는 일에 머물지 않고 사회봉사, 종교활동, 친구관계 등이다. 지혜로운 조부모 역할과 건강성을 지키는 것이다.

고령자 복지제도와 정책

선진국에서는 고령자의 자기결정권을 중요시한다. 국가가 고령자 돌봄을 책임지는 것도 있지만, 고령자의 자립을 지원하는 것을 고령자 정책의 핵심으로 삼는다.

우리나라는 오래 전부터 고령자 정책은 국가책임이라는 보호주의 원칙에서 벗어나지 못하고 있다. 기초노령연금, 공공부조, 사회보험 등 사회보장 급여를 확대하지만 고령자에게 제대로 전달되고 있는지, 고령자의 재산이 그의 의사와 선호도에 따라 사용되는지도 관심이 없다.

우리나라 고령층 경제활동 참가율이 높은 것은 그간 사회보장제도가 성숙되지 않았기 때문이다. 우리나라 고령자들은 노후를 위해 노동시장에 참여하려는 경향이 서구에 비해 높다. 건강만 뒷받침된다면 활력 있는 노후를 위해 경제활동을 한다.

우리의 노동시장 규범이 개선되어야 한다는 점은 공감하지만 구체적으로 무엇을 어떻게 해야 하는지에 대해선 아직 국민적 공감대가 부족하다. 고령자 일자리는 고용노동부만의 일도 아니고, 보건복지부 혼자 해결하기에는 너무 벅차다.

유기적 통합이 이루어져야 하는데 관료의 벽 때문에 결국 부처 간 이기주의로 굳어버렸다. 참고로 일본은 후생성과 노동성이 2002년도에 후생노동성으로 통합하여 고령자 일자리를 일원화시켰다.

또 건강한 고령자가 더욱 많아지는 사회현상 속에서 고령자 고용정책이 발전적으로 실천되어야 한다. 우리나라 대부분의 기업이 60세를 정년제로 채택하고 있지만, 30세에 노동시장에 진입했다고 할 때 30년간 노동시장에서 일을 하고 약 80세까지 퇴직 이후의 시간을 보낼 것으로 예상한다.

그러나 고령층이 직장에서 그만두는 연령이 49.3세였다. 고령층은 일하길 원하는데(68.1%) 근로 희망사유는 '생활비에 보태기 위해서'가 58.7%였다. 그리고 73세까지 일하길 원했다. 우리나라 고령자 중 기초연금과 공공연금을 수급받는 사람은 22% 정도였다. (황남희·진화영, "고령층의 노후소득 현황과 시사점-다층 소득보장의 수급권을 중심으로", 한국보건사회연구원)

고령자는 아프면서 돈 없이 힘들게 오래 사는 것이 아니라 건강하고 넉넉하고 즐겁게 오래 사는 방법을 고민해야 한다.

보건복지부는 2024년 7월 9일 '폐지수집 노인 지자체 전수조사 결과'를 발표했다. 폐지수집 노인의 평균소득은 월 76만 6000원이었다. 이들의 평균재산은 1억 2000만 원이었고, 조사대상자의 평균연령은 78.1세였다. 성별로 보면 여성이 55.3%로 남성보다 많았다.

정부의 고령자 일자리는 상대적으로 질이 낮아 만족도가 떨어지고 '눈먼 돈'을 빼먹으려는 부당행위도 발견된다. 고령자 인구가 늘어나고 있는데 현재의 고령자 일자리 방식은 한계가 있다.

복지국가의 발전 속도를 가늠하는 데 3가지의 소득보장 프로그램(보편적 프로그램, 사회보험, 공적 부조) 중에서 어느 프로그램의 비율이 높은가를 기준으로 한다.

예를 들면 공적 부조를 강조하는 국가들은 '복지 후진국'으로 분류한다. 스웨덴 같은 북유럽국가들은 소득 불평등이 적고 개인 가족이 어려움에 처하기 전에 복지가 개입하기 때문에 빈곤층이 적다. 영국은 중간 형태에 속한다.

일반적으로 복지제도를 잔여적 개념과 제도적 개념으로 분류한다. 사회복지 모형에서 산업화 진전과 정치적 민주주의가 발전하면서 잔여적 개념화, 선별주의에서 제도적, 보편주의 사회복지를 강조한다. 그러나 국가는 그 사회를 지배하는 이념과 가치에 따라 다양한 수단과 방법으로 사회복지를 실천한다.

특히 노인복지는 모든 사람에게 발생할 가능성이 있는 보편적인 문제이므로 한국사회에서도 사회적 약자인 고령자의 사회복지제도는 보편적 복지의 개념에서 전개되어야 한다. 가난하고 병약한 노인만 염두에 두는 것이 아니라 국민소득 3만 불을 넘는 사회적 현실을 감안할 때 EU 국가의 중산층에 초점을 맞춘 정책적 방안이 모색되어야 한다.

우리나라는 1960년대 초 시작한 경제성장과 1987년 민주화를 성공적으로 이룩한 나라다. 한세대 내에 이 핵심적인 경제·정치적 국가건설을 해낸 나라는 없다.

역사를 거슬러 올라가 참혹한 6.25 한국전쟁과 나라를 빼앗긴 식민지 시절을 생각한다면 대단한 성취다. 빈곤과 분쟁에서 벗어나 나라발전을 원하는 개발도상 국가들은 한국과 같은 발전의 소망을 갖고 있다.

우리나라를 매력적으로 만들고 있는 한류(K-Wave)가 있다. 이제 세계적으로 팬덤을 형성하고 있는 K-POP에 이어 이제는 드라마, 영화, 심지어 소설과 만화에 이르기까지 한국이 생산하는 문화콘텐츠는 폭넓은 계층과 세대에서 공감을 얻고 있다.

이는 자유스러운 역동성, 개발성, 주체성의 감정을 북돋우기 때문이다. 이러한 공감은 상호이해와 연대정신으로 발전하여 민주적 거버넌스의 사회적 기반을 문화적 콘텐츠로 전파하고 있기 때문이다.

이제 우리는 우리의 독창적인 문화와 전통을 세계에 자랑할 만한 시대에 살고 있다. 우리는 경로효친, 미풍양속을 전통적으로 이어가고 있는 이 즈음에 이것을 세계화 국제화시키는 한국문화 창출에 힘써야 할 시기에 와 있다.

한국 지하철 무임승차를 재정 적자적 측면에서 볼 것이 아니라 한국 문화적 측면에서 경로효친의 사회화로 세계의 문화로 보아야 한다.

자산을 가진 실버층

한국은행이 2021년 한국의 연령대별 소득 불평등도를 조사해 보니 70세 이상의 지니계수(빈부격차를 나타내는 대표적인 지표)가 20~40대보다 최대 1.7배 큰 것으로 나타났다. 말하자면 고령화가 진행될수록 노인끼리의 빈부격차가 더 큰 문제라는 것이다. 고령층은 상대적으로 소비성향이 낮은데 이들이 점점 오래 살다 보니 나라의 막대한 부가 그저 잠겨 있는 '돈맥경화' 현상이 심화되고 있다.

일본의 경우 600만 치매 노인이 가진 재산이 2020년 기준 250조 엔(약 2280조 원)에 달했다. 이는 일본 국내총생산(GDP)의 절반에 가까운 규모다. 실버세대가 가지고 있는 부를 회전시켜 경제에 활력을 주기 위해 일본은 '생전 증여제도'를 확대 시도하고 있다.

예를 들면, 부모사망 7년 전에 증여한 재산에 대하여는 비과세로 제도화하는 것이다. 자녀들이 돈 필요할 때 미리미리 증여한다는 것이다. 우리나라 고령자들이 가진 자산이 부동산에 잠겨 있는 경우가 많은데 부(富)를 언제 어떻게 물려줄지 국가적으로 계획해야 한다.

우리나라 가계자산의 70%를 차지하는 부동산을 포함하여 세대별 자산을 보면 60세 이상이 가진 순자산이 전체의 46%에 달한다. 2021년 서울연구원이 세대별 보유 금융자산(은행 예적금, 전월세 보증금), 부동산, 자동차 등 실물자산을 조사한 것이다.

조선일보가 조사한 2021년 국내 4대 은행에서 65세 이상 고객이 예금한 금액이 전체의 27.1%였다. 노인 고객수는 16.6%였지만 고령자 고액예금자가 많은 것이었다. 이러한 경향은 미국, 일본 등 선진국도 유사하다. 미국의 경우 69%였고, 일본은 57.3%(626조 엔)이었다.

우리나라 노인들이 다른 세대보다 상대적으로 많은 부를 차지한 것은 우리나라가 압축 성장하던 때에 경제활동 최전선에서 일했기 때문이다. 2023년 기준 우리나라 노인빈곤율은 38.6%로 OECD 국가 중 1위이다. 우리나라 고령자들이 미국에 버금가는 부를 가졌음에도 빈곤율이 세계 최고수준을 가진 것은 무슨 이유일까.

학자들은 통계의 함정을 지적한다. OECD 국가가 정의하는 빈곤율은 '절대 빈곤율'이 아닌 '상대율'로 중위소득 50% 미만인 고령자가 얼마나 많은지를 통계로 낸다. 이때 '소득'은 '가처분소득'이다. 매월 들어오는 소득에서 세금 등 필수적 지출을 뺀 나머지 소득이 전체 중위값(일렬로 세웠을 때 한가운데)보다 적은 경우를 빈곤 상태로 본다.

소득만 따졌을 뿐 고령층이 보유한 부동산자산은 포함시키지 않은 것이다. 한국보건사회연구원이 부동산자산을 포함시켰더니 노인빈곤율이 21%로 뚝 떨어졌다. 사실 소득을 포함하여 자산, 건강, 만족도 등을 고려한 다차원 분석을 해 보면 소득도, 자산도 없는 실질적 빈곤율은 20% 수준으로 보고 있는 사람도 있다.

(한국보건사회연구원 윤석명)

탈가치 시대에 삶의 의미

　IMF 통계에 의하면 대한민국은 GDP 순위가 세계 13위를 오르내릴 정도로 선진국이며, 누구나 물질적으로 잘 살고 있다.
　그런데 UN 지속 가능 발전해법 네트워크가 국제 행복의 날(매년 3월 20일)에 공개한 2023년도 '세계행복 보고서'에 의하면 한국인의 행복지수는 137개 조사국 중 57위이며, OECD 38개국 중에서는 뒤에서 4번째이다.
　잘 살지만 행복하지 않다는 것이다. 물질적으로는 천국인데 정신적으로는 지옥이다. 어디 그뿐인가. 한국인은 잘 살 뿐만 아니라 비교적 길고 건강하게 오래 산다. 한국인의 기대수명은 83.6세로 OECD 평균인 80.3세보다 높다.
　그러나 본인이 스스로 건강하다고 생각하는 주관적 건강상태 양호 인지율은 29.5%로 OECD 국가 중에서 가장 낮다. OECD 국가의 평균은 67.9%였다.
　간단히 줄이면 객관적으로는 오래 살면서도 주관적으로는 건강하지 않다고 느끼는 것이다. 또 한국인은 자신의 삶을 사랑하지 않는 것처럼 보인다. 가장 높은 자살률을 가지고 있다.

우리나라 청년들은 미래에 대해 불안해 하고 노인들은 노년을 두려워한다. 불안과 두려움이 지배하는 사회에서 삶의 의미는 어디에 있는가.

행복의 정체

행복의 개념을 심리학자, 철학자들은 대개 4가지로 분류한다.

첫째, 즐거움이라는 개념이다. 이는 행복한 개념은 즐거운 것이고 이것은 쾌락과 연결된다. 쾌락은 감각적 쾌락, 정신적 쾌락, 예술적 쾌락, 영혼과 깨달음의 쾌락도 있다. 신경과학적 입장에서 도파민(Dopamine) 활동을 통한 신경전달 물질이 많이 생성되고 활발하면 쾌감이 있다는 것이다. 또 세로토닌(Serotonine)도 마음의 안정과 만족감이 연결된 화학물질이다.

두 번째 행복은 마음과 의식의 변화이다. 근심 걱정에서 해방되어 안정을 찾는 상태라는 것이다. 불교에서 말하는 적멸(寂滅)이나 적정(寂靜)의 고요하고 깊은 깨달음의 상태이다.

세 번째 행복은 자아실현과 성취의 행복이다. 이는 인간의 계획된 욕구가 해결될 때 우리에게 행복을 제공한다.

네 번째 행복은 두뇌에는 행복과 연결된 왼쪽 뇌의 긍정적 즐거운 감정과 연결되어 있고, 오른쪽 뇌는 부정적이며 고통의 감정과 연결된다는 것이다. 좌측 뇌의 활성화 긍정적 정서를 일으키는 해석을 할 수 있다.

　OECD 통계에 의하면 한국인의 우울증 유병률은 36.8%로 조사대상국 중 1등이라고 한다. 불안증세를 겪는 비율은 30.0% 정도라고 하는데 한국인은 왜 이렇게 우울한가, 우리는 무엇을 잃어버리고 있어서 우울한가, 우리는 물질적 토대는 이전보다 개선됐으나 '개인주의'가 덜 발달해 타인의 시선을 지나치게 인식하고 타인과의 '비교'가 일상화되어 있다. 비교와 경쟁이 심해 '내 삶이 상대적으로 궁핍하고 불행하다'고 느낀다.

　젊은 사람은 젊은 사람대로 '불확실한 미래'와 '경쟁사회' 때문에 그들을 우울하고 불안하게 만든다. 노인세대는 경제적 궁핍, 부실한 사회안전망, 사회적 관계단절 등으로 우울감을 호소한다. 노인자살 1등국이 이를 증명한다. '마음이 아픈 사람들'에게 손을 잡아줄 수 있는 사회안전망이 필요하다. 삶은 바다에서 헤엄치는 것과 같은데 '안전요원'이 지켜보고 '부표' 같은 이정표와 '안전 그물망'이 있어야 하는데 망망대해에 혼자 있다고 생각될 때 스스로 몸을 포기하는 것이다.

　세상은 공정하지도, 정의롭지도 않지만 사람은 부조리한 사회를 견뎌내기 위해 '과정을 통해 행복해지는 뇌'를 발명했다. '성취'는 '세상이 통하는 재능'을 적절하고 알맞은 '타이밍'에 발현하고 이를 '알아주는 사람'이 있어야 가능한 것이다. 미래전망을 절망적으로 하지 않고 희망적으로 제시하는 사회제도, 안전망이 있고 가족 간의 따뜻한 감정이입이 형성되는 사회를 만들어야 한다.

　우울증 환자의 뇌는 정신적으로 건강한 뇌와 다르다. 만족감을 느끼는 세로토닌의 분비와 일상의 작은 기쁨을 느끼는 보상중추(측좌핵)의 활동 비율이 줄어들어 일상사의 행운도 별로 기뻐하지 않는다. 스스로 자신을 평가절하하는 왜곡된 판단을 연속으로 하기 때문이다.

장수사회를 위하여

댄 뷰트너(Dan Buetener, 모험가, 장수 연구가)가 전세계 장수촌을 방문하고, 그곳을 블루존(Blue Zone)이라 명명하고, 그 비밀을 취재했다. 장수촌의 공통적인 특색은 생활 속에서의 자연스러운 움직임, 올바른 인생관, 채식 위주의 식사와 와인, 음식을 적당하게, 친구와의 유대관계가 많다는 것이었다.

최근 싱가포르가 장수환경을 구축해서 인기가 있다. 예를 들면, 자동차보다 걷는 습관, 사랑하는 가족과 가까이 사는 것, 건강한 식생활, 보편적 의료서비스, 엄격한 법률, 보행자 우선 체계, 자동차 소유를 비싸게 했다. 부모와 자녀가 함께 살거나 가까이 살면 보조금을 지급하고, 설탕과 나트륨이 들어간 식품을 규제했고, 담배에 높은 세금을 매기는가 하면 마약을 엄벌에 처하고 있다. 얼마 후에 우리나라도 초고령사회가 되는데 젊은 이들에게 짐만 되는 병들고 쓸모없는 노인이 아니라 이 사회에 이로운 일을 하는 노익장이 되어야 할 것이다. 개인 노력도 중요하지만 국가가 정책적으로 장수사회 환경정책 개발이 필요하다.

노노케어가 답이다

　노인부양에 대한 사회적 부담이 커지는 가운데 노, 노케어가 대안으로 나오고 있다.
　정부가 지원하는 노, 노케어는 일자리사업(공익형, 사회서비스형, 민간형)의 일환으로 건강한 노인 중 만 65세 이상 기초연금 수급자로 일자리를, 독거노인은 돌봄서비스를 제공받는 사업이다.
　한국노인인력개발원의 2023년 '초고령사회 돌봄인력 노인일자리사업 고도화 방안 연구'에 의하면 노케어 수혜 전후해서 외로움, 우울 등 마음 상태 개선 효과가 60.3% 증가한 것으로 나타났다.
　'돌봄을 제공하는 노인에게는 보충적 소득보전', '사회참여 활동을 제공 받는 노인에게는 건강증진 효과', '돌봄을 제공 받는 노인에게는 동년배와 교류로 소외감 감소 등 정서적 측면의 효과가 큰 것'으로 나타났다.
　노, 노케어는 복지사업이면서 일자리정책이다. 2023년 5월 통계청 조사에서 고령층(55세~79세) 1548만1000명 중 경제활동인구 92만1000명으로 비경제활동인구 616만 명보다 많았다.

고령층 인구는 73세까지 일하기를 원하고 있다.

노, 노케어는 말벗해주기, 안부 묻기 등 단순서비스와 간병인력을 활용하면 명실상부한 노인일자리가 가능할 것이다.

자원봉사의 관점

　인류는 불을 사용한 이후 과학문명을 발전시켰다. 18세기 후반의 산업혁명은 200년간 지속되었고, 20세기 초의 제조업 기술은 인류의 생활을 윤택하게 만들었다.

　그러나 1990년대 나타난 인터넷은 그 기간이 짧았음에도 불구하고 지금까지 나왔던 기술력보다 훨씬 강력하다. 21세기에 들어오면서 정부 중심의 국가운영의 기본이 흔들리고, 시민사회 중심의 국가운영이 대두되고 있다. 이제는 정부 중심이 아니라 시민사회, 시장이 역할분담을 통해 국가를 운영하는 것이다.

　이제 정부 역할을 대신하여 시민들이 봉사활동을 하는 것이 새로운 국가 모델이 되었다. 21세기 국력 적도의 기준으로는 사회자본 축적 여부를 가지고 하는데 여기에서는 자원봉사의 총량이 얼마냐에 따라 국력을 판단하기도 한다.

　요즘의 시민사회는 적합한 자원봉사를 통해 자신을 단련하고 생활화를 통해 성취감을 느끼고 차원 높은 만족감을 제공하는 것이다.

이제 한국사회는 '나만 잘 살아 보자'는 사회풍조를 '모두가 잘 살아 보세'로 바꾸어야 한다. 혼자만 잘 사는 사회는 기어코 선진국의 풍모를 보여줄 수 없다. 중동국가들이 국민소득(GNP)이 3~4만 불 이상이 되지만 이들을 선진국이라 하지 않는다.

말하자면 경제자본은 풍부하지만 이와 더불어 가는 사회자본이 뒤따르지 못하기 때문이다. 이는 물질과 정신적인 풍요가 함께 해야 선진국이 되는 것이다.

논어에도 '적선지가(積善之家) 필유여경(必有餘慶)'이라고 하는 말이 있다. "착한 일을 많이 하여 쌓이고 쌓인다면 그 집안이나 개인은 반드시 경사스러운 일이 있다"는 것이다. 경사스러운 일을 바라고 착한 일을 하는 것은 아니지만 이는 자신과 사회를 위한 밝고 건전한 행동이 되는 것이므로 결국 경사스러운 일이 있다는 것이다.

사회봉사는 대가성을 바라고 해서도 안 되고 순수성과 사회공헌하는 마음으로 해야 한다. 또 중요한 것은 사회봉사는 필요한 곳을 찾아서 '맞춤형 봉사'가 되어야 한다. 맞춤형이 아닌 봉사는 봉사 받는 사람에게 그 의미를 찾을 수 없다.

갈등 조절

우리나라의 복지체계는 공공의 부담률이 절대적으로 크고 개인들의 복지부담은 선진국에 비해 미미하다. 불우한 이웃을 배려하고 따뜻이 이웃을 보살피는 일은 우리의 경제 규모가 세계 10위권에 든다 해도 아직도 후진성을 벗어나지 못하고 있다.

그러나 아직도 국가와 사회에 대하여 요구하는 복지 욕구는 날이 갈수록 커져 가고 있다. 예를 들면, 최저임금도 받지 못하는 비정규직 근로자, 저소득 근로자, 실업자가 넘쳐나는 상황인데도 억대 연봉을 받는 정규직 노동자들은 끊임없이 임금인상을 요구하고 있다.

제 자식에게 기업경영권을 넘겨주는 재벌이든, 대를 이어 고용을 승계시키는 내기업 노조원이든, 거리에서 방황하는 청년실업자나 노조 근처에도 가보지 못한 영세기업의 일용근로자에게는 모두가 딴 세상의 특권층이다.

젊은이들이 희망을 잃어버린 사회에는 어두운 미래만이 있을 뿐이다. 공산주의는 실패했고 자본주의는 타락했다. 공산주의 유물론보다 더 유물론적인 물신(物神) 숭배에 빠져 있는 것이 천민자본주의의 삶이다.

비인간적인 황금만능의 먹이사슬로 양극화와 사회갈등의 골이 깊어가는 오늘날 냉혹한 약육강식의 경쟁시장에 인간의 따뜻한 혼을 불어넣기 위해서는 소외된 이웃 한 사람 한 사람을 품어주는 따뜻한 사랑이 필요하다.

오늘날 한국사회는 조화와 통합보다는 갈등과 분열에 가까운 사회다. 정치이념, 성별, 세대 등 여러 기준에 따라 서로를 편 갈라 비난하고 공격한다. 이러한 갈등과 분열의 근본적인 도화선에는 정의와 공정의 문화가 없는 것이다.

과거 전쟁의 참화와 어려움을 지켜온 오늘날의 노인세대를 상호이해와 공감으로 나아가 연대의 정신으로 발전시켜야 한다.

자기의 운명을 자유롭게 개척하는 자기결정권, 타인의 권리도 자기 권리만큼 존중하는 태도, 나누고 협력하는 공동체 정신 등 민주적 거버넌스의 사회적 기반을 문화적 콘텐츠로 만들어야 한다. 이것이 현재의 노인세대가 짊어진 책무이다.

신냉전, 블록화, 저출생, 기후위기, 인공지능(AI) 등으로 상징되는 현시점에서 새로운 물결을 해결할 수 있는 대안을 제시할 수 있는 계층이 노인이어야 한다.

리바이어던을 어떻게 개선할 것인가

    17세기 정치철학자 토마스 홉스(Thomas Hobbes)는 국가의 기원을 '만인에 대한 만인의 투쟁 상태에서 벗어나기 위한 개인들의 계약'에서 찾았다. '리바이어던(Leviathan)' 이라는 욥기에 나오는 바다 괴물에 비유할 정도로 국가는 두려운 존재이지만 권한을 위임한 선량한 시민들까지도 잡아먹는다.

    국가와 엘리트층이 지나치게 강력해지면 '독재적 리바이어던' 이, 시민사회가 지나치게 강력해지면 '부재(Absent) 리바이어던' 이, 국가와 사회가 모두 힘을 발휘하지 못하면 '종이(paper) 리바이어던' 이 나타난다는 말이 있다.

    우리는 '막강한 힘을 갖고 제멋대로 날뛰는 바다 괴물' 이 아니라 '합리적인 법을 집행하고 폭력을 통제하고 공공서비스와 복지를 제공하는 잘 조직된 사회' 를 원한다.

    오늘날 우리는 '견제되지 않은 민주주의' 로 표류해 가고 있다. 정부는 다수를 획득했다는 것만으로 군주제를 방불케 하는 권력을 휘두르고 있다. 과거에는 보편적으로 수용되던 원칙이 이제는 기득권을 옹호하기 위해 '사회정의'라는 공허한 이름으로 한 '신축적 규칙'이 되어 버렸다.

제도적이고 형식적인 측면에서는 분명히 민주주의인데 민주적으로 선출된 지도자에 의해 오히려 민주주의가 위협받고 있다. 한국의 민주주의는 '위임민주주의(Delegative Demolratie)'라고 울프강 메르켈(Wolfgang Merkel)은 설명하고 있다. 이 말은 합리적으로 선출된 대통령의 권한을 수평적으로 견제할 수 있는 장치가 없고, 할 생각이 없다는 것이다.

미국은 사법부가 독립되어 있지만 우리나라는 사법부, 입법부가 독립되어 있지 않다. 17세기 스웨덴 정치가 옥센셰르나 백작 유언이다.

"아들아. 이 세상은 얼마나 하찮은 자들이 다스리는지 똑똑히 봐라. 하찮은 자들이 정치를 혐오하면 어쩔 수 없이 하찮은 자들의 지배를 받는다."

한국 정치 갈등구조의 문제점과 대응

　한국 정치구조는 첫째로 지나친 양극화이다. 이념적, 정파적으로 갈라져 있다. 민주화 이후 지역으로 갈라졌던 정치는 이제는 그 위에 이념적, 세대적, 계층적 균열까지 더해져서 사회를 두 집단으로 나누어 놓고 있다. 이런 때에는 극단적 목소리가 힘을 얻으면서 사회적 갈등은 더 깊어 가고 있다.
　자유민주주의 주요한 가치는 다원주의 즉 다양성에 대한 상호인정이다. 너와 나는 생각이 다르지만 '나는 너의 의견을 존중한다' 라고 하는 다원성의 정치가 이루어질 때 자유민주주의는 안정적으로 작동되는 것이다.
　우선 우리나라는 제도적으로 승자 독식의 정치체제를 가지고 있다. 선거에서 승리하면 대통령은 100%의 권력을 갖는 반면 야당은 아무런 권한도 없다.
　둘째, 정치에 대한 신뢰도가 낮다. 이는 우리나라뿐만 아니라 전세계적인 현상이다. 우리나라에서 특히 문제가 되는 것은 한국의 정치적 불신은 폐쇄적인 정당정치와 연관되어 있다는 것이다.

우리나라는 지역주의와 단순 다수제 선거제도가 결합하여 지역적 기반을 갖지 않는 정당의 등장은 사실상 불가능하다. 그런데 기존 제도권에 대한 높은 불신은 우리의 정치적 민주주의가 포퓰리즘의 위협에 노출되어 있어 취약하다.

셋째, 우리나라 민주주의는 거리의 정치이다. 거리의 정치를 나쁘다고만 볼 수 없다. 시민들이 공적 이슈(issue)를 두고 자신의 의사 표시를 하는 것은 바람직하다고 볼 수 있다. 그러나 이것도 과유불급이다.

그렇다면 한국의 정치체제는 어떤 대응적 가치를 지녀야 하는가.

첫째, 자유민주주의라는 가치를 지녀야 한다. 현재 우리나라는 이성을 추구하는 자유는 사라지고 전체주의적 동조화가 춤을 추고 있다. 지식인들은 반권위주의, 반독재의 깃발을 들어야 한다.

둘째, 시장경제 가치의 수호다. 수요와 공급의 원칙을 무시하고 일자리도 국가가 만들고 세금을 고무줄 놀리듯 올리는 것은 반시장주의다. 또 사유재산 보호가 흔들리고 있다.

셋째, 사회적 공정성과 형평성에 입각한 공동체주의를 살려야 한다. 우리는 공동체를 분열시키면서 패거리의 이익을 위하려는 편법을 막아내고 '포용적 공동체주의'를 만들어야 한다.

넷째, 국민의 자긍심과 자존심을 고양할 수 있는 미래 희망사회를 만들어야 한다. 청년들에게 꿈을 심어주고, 그들에게 일자리를 마련해 주고, 행복지수를 높일 수 있는 정책을 구상해야 한다.

현재 대한민국 집권세력은 이재명 정권이라기보다는 더불어민주당, 정의당, 민주노총, 전교조, 민주사회를 위한 변호사모임, 참여연대, 전국언론노동조합 등의 네트워크 정권으로 봐야 할 것이다. 이들은 이념을 공유한 집단이면서도 이해관계가 얽혀 있는 정치·경제공동체다.

또 보수집단은 지난 정권을 비호하거나 기득권을 지키려는 시도를 하지만 국민적 지지를 받지 못하고 있다. 무너져가는 권위를 잡으려면 '꼰대'가 되고, 기득권을 지키려 하면 '적폐'가 되며, 자리에 연연하면 보신주의가 된다.

보수는 보수가 지켜야 할 가치와 방향을 잊고 표류하고 있다. 보수는 자기 정체성에 대한 자각을 상실하고 있다. 결론적으로 한국의 정치체계는 한국이 처한 '사회적 사실(social facts)'을 적시하고 그에 대한 대응책을 강구해야 한다.

그리고 전 국민의 행복을 추구한다는 차원에서 경제적 융성전략과 선도적인 발전 가능성을 추구해야 한다. 또 사회적 안정과 문화적 발전을 위한 시민교육 내지 국민교육을 시켜야 한다. 이대로 가다가는 난마처럼 얽힌 사회구조를 개선할 수 없을 것이다.

'모든 길은 로마로 통한다'는 말이 있듯이 한국에서는 모든 길이 정치영역 속에서 이루어진다. 한국 정치체제의 명백한 정화 속에서 경제의 꽃이 되고 국민의 문화적 자긍심이 생겨나면 세계의 선진국가로 진취적 발전을 할 수 있을 것이다. 그 바탕에는 국민교육, 시민교육이 있어야 한다.

우리나라 국회의원은 가성비로 계산하면 최저 점수일 것이다. 국회의원은 1인당 4년간 약 100억 원을 쓴다. 자신의 수당은 물론 보좌관, 비서관, 운전기사 등 9명의 급료와 사무실 운영비, 차량지원비, 특별보조금 등을 합하면 그 정도가 된다.

대한민국 국회의원의 대우는 다른 나라에 비하면 가히 금메달감이다. 그럼에도 불구하고 국회의원은 법안 심의, 국민 서비스, 직무수행 등 효율성과 충성도에서 꼴찌이다. 어느 조직이 국회의원보다 못한 곳이 있는가.

　국회의원은 스스로 '국가 봉사직'이라고 말하고 있지만 국회를 열지 않고도 엄청난 수당(세비)을 받는다. 일부 의원이긴 하지만 자기 자녀와 친척을 비서관으로 등록해 봉급을 빼돌린다. 그리고 범죄를 저지른 후 구속을 면하기 위해 '불체포특권'을 활용한다.

　국회의원은 우리가 상상하는 파렴치한 행위를 하면서 떳떳하게 갑질을 한다. 예를 들면, 5G와 AI를 비롯한 4차 산업 등 첨단 문물을 개발, 유통하기 위한 법을 통과시키지 않아 당사자 되는 기업과 국민은 애를 태우고 있다.

　그래서 그들은 국회를 '통곡의 벽'이라고 말한다. 어느 국회의원이 '사실 우리는 공해산업에 종사하는 사람들'이라고 조크를 하는 말을 들은 적이 있다. 국회의원은 선거 때에는 비굴할 정도로 표를 구걸하고는 당선이 되면 표변하며 마치 황제가 된 듯 거만해지는 직업군이다.

　이제 국회의원도 일을 하지 않으면 보수를 주지 않는 '무노동 무임금'을 적용해야 한다. 그리고 엄청나게 많은 특혜를 없애야 한다. 잘못하는 국회의원은 '국민소환제'를 적용시켜야 한다.

　현재 우리나라의 국민들은 3김시대가 끝나면 세대교체가 될 줄 알았다. 그러나 1990년대 노무현 정권의 중심인물이 주축을 이루고 있다. 말하자면 386세대 운동권 출신이 장기집권을 하고 있다.

　외국에서는 30대 40대 지도자가 등장하고 번뜩이는 두뇌회전으로 정치, 경제, 사회개혁을 추진하고 있는데 우리나라는 네 편 내 편의 진영논리에 갇혀 있다.

　다른 나라 국회의원들도 우리와 같은 특혜가 있는가. 스웨덴의 경우 국회의원은 회기에 국회에 출석할 때 12달러(약 15,000원)를 일당으로 받고 있다. 그리고 그 외에 경제적, 사회적 인센티브가 거의 없다. 지방의회 의원은 대개 자원봉사 수준이다.

그리스 철학자 아리스토텔레스는 수사학에서 상대방을 설득시키려면 로고스(논리적), 파토스(감동적), 에토스(진정성)의 세 가지가 필요한데 한국의 보수, 진보 정당 모두가 세 가지 설득 전략이 없다.

김대중이 말한 '선비의 문제의식과 상인의 현실감각'을 상실한 채 당권을 장악해서 혼자 잘 먹고 잘 살자는 생각으로 꽉 차 있다. 국가 발전과 미래 약속을 전제로 한 전략이 없다.

독일의 좌파 정치인 게르하르트 슈뢰더 전 총리는 2000년 초 노동 유연성 강화, 세율 인하 등 과감한 개혁안을 담은 '어젠다 2010'을 추진해 유럽의 병자로 불린 독일을 제조업 강국으로 탈바꿈시켰다. 개혁에 대한 반발 때문에 선거에서 패배해 권력을 잃었다. 하지만 그는 독일뿐 아니라 전 세계에서 성공한 국가지도자로 존경받고 있다.

침대에 맞추는 공공정책
— 프로크루스테스의 맞춤형 척도

•

지은이 / 황진수
발행인 / 김영란
발행처 / **한누리미디어**
디자인 / 지선숙

•

08303, 서울시 구로구 구로중앙로18길 40, 2층(구로동)
전화 / (02)379-4514
Fax / (02)379-4516
E-mail/hannury2003@daum.net

•

신고번호 / 제 25100-2016-000025호
신고연월일 / 2016. 4. 11
등록일 / 1993. 11. 4

•

초판발행일 / 2025년 9월 23일

•

ⓒ 2025 황진수 Printed in KOREA

•

값 22,000원

•

※잘못된 책은 바꿔드립니다.
※저자와의 협약으로 인지는 생략합니다.

ISBN 978-89-7969-904-3   03330